Andreas Niedballa

Predigten zum Johannesevangelium Kapitel 6-10

Andreas Niedballa

Predigten zum Johannesevangelium Kapitel 6-10

Jesu Botschaft an uns heute

Fromm Verlag

Imprint

Cover image: www.ingimage.com

Publisher:
Fromm Verlag
is a trademark of
Dodo Books Indian Ocean Ltd. and OmniScriptum S.R.L publishing group

120 High Road, East Finchley, London, N2 9ED, United Kingdom
Str. Armeneasca 28/1, office 1, Chisinau MD-2012, Republic of Moldova, Europe
Managing Directors: Ieva Konstantinova, Victoria Ursu
info@omniscriptum.com

Printed at: see last page
ISBN: 978-3-8416-0949-6

Inhaltsverzeichnis

Johannes 6,1-15

Jesus als Chef

Der neue Firmenchef ist für seinen harten und rücksichtslosen Führungsstil bekannt. An einem seiner ersten Arbeitstage, kurz vor der Mittagespause, läuft er am Empfang vorbei. Dort sieht er einen Mann, der sich am Türrahmen anlehnt und absolut nichts tut. Er erweckt auch nicht den Eindruck, dass er dem Chef Respekt erweist. Darum will der Chef jetzt ein Beispiel setzen, das seine Mitarbeiter aufhorchen lässt und sie ein für allemal wissen, wie das in Zukunft in der Firma laufen wird. Verärgert fragt er diesen Nichtsnutz: „Wie viel verdienen sie im Monat?“ Der Mann ist über die direkte und unfreundlich gestellte Frage verblüfft, aber er antwortet freundlich: „2000 €. Wieso wollen sie das wissen?“ Ohne den Mann anzuschauen zückt der Chef ein Scheckbuch und stellt einen Scheck über 4000 € aus. Drückt ihm den Scheck in die Hand und brüllt: „So, da haben sie ihr Geld für die nächsten zwei Monate, und jetzt verschwinden sie und lassen sie sich hier nicht mehr blicken!“ Der Chef ist stolz, dass er seinen Mitarbeitern gezeigt hat, dass er es nicht duldet, wenn sie untätig rumstehen und ihm keinen sichtbaren Respekt entgegenbringen. Dann fragt er die etwas schockiert wirkende Dame am Empfang: „Welche Aufgabe hat dieser Faulpelz gehabt?“ Die Dame antwortet etwas verlegen: „Das war der Pizza Kurier.“

Was bin ich froh, dass Jesus kein harter und rücksichtsloser Chef ist. Er sieht nicht in jedem gleich einen Faulpelz, der gerade nichts leistet. Jesus verschafft sich auch nicht Respekt, durch hartes Vorgehen. Und er macht auch keine peinlichen Fehler in seinem Führungsstil. Jesus ist einfach ein Chef zum verlieben!
Das können wir auch in dem heutigen Text sehen.

1. Jesus sieht unsere Grenzen

> Verse 1-4: „Danach fuhr Jesus über das Galiläische Meer, das auch See von Tiberias heißt. Und es zog ihm viel Volk nach, weil sie die Zeichen sahen, die er an den Kranken tat. Jesus aber ging auf einen Berg und setzte sich dort mit seinen Jüngern. Es war aber kurz vor dem Passa, dem Fest der Juden.“

Aus den anderen Evangelien erfahren wir den Grund, weshalb Jesus über den **See** an das nordöstliche Ufer gefahren ist. Weil die Jünger von ihrem Missionseinsatz zurückgekommen sind. Sie haben viel zu erzählen gehabt und haben eine Ruhepause nötig gehabt.
Außerdem hat Jesus zur selben Zeit die Nachricht bekommen, dass

Johannes der Täufer umgebracht worden ist. Das scheint ihn innerlich berührt zu haben und er hat selber eine Zeit der Stille gebraucht.
Darum ist er über den See gefahren. Er hat sich am anderen Ufer etwas Ruhe erhofft. Aber es kommt ganz anders. Die Leute lassen Jesus nicht zur Ruhe kommen. Einige sind ihm in Booten nachgefahren. Andere sind am Seeufer entlang zu Jesus gegangen. Nicht nur ein paar besonders begeisterte Leute, sondern **Viele**. Jesus hat sie fasziniert. Seine übernatürlichen Wunder haben sie angeheizt. Sie haben davon einfach nicht genug kriegen können. Sie haben Großes gesehen und sie wollen die Fortsetzung!
Am Ende dieses Kapitels werden wir sehen, wie viele von ihnen Jesus treu bleiben werden, wenn Jesus kein Wunder tut. Wenn er Dinge sagt, die ihnen nicht gefallen. Sie werden sich alle von ihm abwenden. Nur die aus dem engsten Kreis werden Jesus die Treue halten!

So läuft das bis heute. Wie oft hab ich diese Begeisterung erlebt:

- „Ich will Christ werden!“
- „Ich werde Jesus niemals verlassen!“
- „Ihr seid die beste Gemeinde die es gibt!“

Aber es dauert gar nicht lange und von der Begeisterung bleibt nichts übrig. Weil man feststellt, dass Jesus, die Christen und das Christenleben anders sind, als man es sich zuerst gedacht hat!

Damals hat es in Israel und Umgebung viele Zauberer gegeben. Sie sind von Ort zu Ort gezogen und haben mit ihren magischen Künsten die Menschen zu heilen versucht. Andere haben einfach nur faszinierende Zauberphänomene vorgeführt. Bei ihnen war das übersinnliche Ereignis der Höhepunkt. Um eine Botschaft, eine Lehre, geschweige denn Konsequenzen ist es ihnen nicht gegangen!
Aber bei Jesus ist es gerade umgekehrt. Ihm geht es nicht um übernatürliche Ereignisse, sondern um die Botschaft, die Lehre und die Konsequenzen. Es geht darum, dass der Mensch die Botschaft Jesu hört, sich von ihm belehren lässt, Buße tut und Jesus gehorsam ist. Das steht über allem Übernatürlichen!
Aber damals wie heute suchen die Menschen in Jesus einen Wundertäter. Er soll ihnen ihre Probleme lösen und sie dann in Ruhe lassen, damit sie leben können, wie es ihnen passt. Da macht Jesus aber nicht mit!

Jesus weiß, was die Leute von ihm wollen. Er weiß um ihre falschen Motive. Dennoch lässt er sie alle zu sich kommen, Verse 5-7:

> „Da hob Jesus seine Augen auf und sieht, dass viel Volk zu ihm kommt, und spricht zu Philippus: Wo kaufen wir Brot, damit diese zu essen haben? Das sagte er aber, um ihn zu prüfen; denn er wusste

wohl, was er tun wollte. Philippus antwortete ihm: Für zweihundert Silbergroschen Brot ist nicht genug für sie, dass jeder ein wenig bekomme.“

Während die vielen Menschen zu Jesus strömen, erteilt Jesus seinem Jünger **Philippus** eine Lektion. Er zeigt ihm ein Problem. Die vielen Leute werden nach der langen Reise und seiner langen Predigt mords Kohldampf haben. Was machen wir dann?
Philippus war in der nächstgelegenen Stadt, Betsaida, zu Hause. Er hat sich in der Gegend gut ausgekannt. Er hat gewusst, wo man einkaufen kann. Und ihm war klar, dass es so viele Bäcker hier in der Gegend nicht gibt. Auch wenn alle Bäcker Überstunden machen - so viel Brot kriegen die nicht so schnell gebacken.
Und außerdem: Wer soll das bezahlen. Wenn sie das viele Brot bezahlen wollten, dann würden ihnen die **200 Silbergroschen**, die sie gerade in der Kasse haben, bei Weitem nicht reichen.
Mehr fällt ihm nicht ein. Schade.
Philippus hat noch nicht gelernt, was man macht, wenn einem die eigenen Möglichkeiten ausgehen. Kannst du ihm sagen, was man da am besten macht? Was machst du, wenn du ein Problem nicht lösen kannst?

- Gerätst du dann in Panik?
- Tust du dich selbst bemitleiden?
- Oder einfach nur heulen?

Hat dir das schon mal geholfen?

- Bestimmt nicht!

Gibt es da nicht einen, der alles kann? Dem kein Problem zu schwer ist? Das hast du doch schon so oft gehört. Aber sobald du selber vor einem schweren Problem stehst, bemühst du alle Möglichkeiten, nur nicht die nächstliegende. Du machst es wie Philippus. Du stehst vor Jesus und es fällt dir nicht ein, ihn um Hilfe zu bitten!

Philippus hätte doch sagen können: „Herr Jesus, ich hab jetzt alles, was mir eingefallen ist durchdacht. Aber ich weiß immer noch nicht, wie ich die hungrigen Leute satt kriegen soll. Aber du kennst doch die Lösung schon längst. Ich überlasse es dir. Mach du!“
Hätte Philippus so reagiert, dann hätte er die Prüfung bestanden. Aber er wird gleich merken, dass er noch einiges zu lernen hat. Und das, obwohl er schon eine ganze Zeitlang mit Jesus unterwegs ist. Viele Predigten gehört und Wunder gesehen hat.

Alle Schwierigkeiten, die du als Christ erfährst, sind wichtig für dich. Es sind Prüfungen, in die dich Jesus hineinstellt. Sie tun dir sicher enorm weh. Aber Jesus will dich damit nicht überfordern, sondern er stabilisiert damit deinen Glauben. Er gibt dir mit den Problemen Gelegenheiten, dass du dich selbst kennenlernst. Dass du lernst, dass du wirklich Jesus brauchst. Dass du lernst seiner Führung zu vertrauen. Und dass du erfährst, dass Jesus wirklich in jeder Lage hilft. Viel besser, als du es dir denkst!

Wir brauchen die Prüfungen Jesu. Denn so werden wir geläutert. Weißt du was läutern ist?
In der Natur gibt es z.B. kein reines Silber. Alles Silber das man in der Natur findet, ist immer mit anderen Materialien vermischt. Wenn jetzt ein Silberschmied reines Silber haben will, dann legt er das rohe Silbergestein in einen Tiegel und erhitzt es. Das Feuer muss sehr heiß sein. Dann schaut er aus nächster Nähe in den Tiegel und wartet auf den Moment, wo er sich in dem geschmolzenen Silber sehen kann. Dann hört er auf. Dann ist die Arbeit getan. So wird das Silber von allem anderen Materialien gereinigt.
So macht es Jesus mit uns auch. Er wirft uns manchmal in seinen Schmelztiegel rein. Und dann wartet er, bis er in uns sein Gesicht sehen kann. In Römer 8,29 steht, dass wir vorherbestimmt sind das Ebenbild des Sohnes Gottes zu sein. Darum reinigt uns Jesu von allen schlechten Beimischungen, damit sein Ebenbild in uns sichtbar wird. Das ist die Absicht Jesu mit uns!

Ja, Jesus sieht unsere Grenzen. Er weiß wie schnell wir mit unseren Möglichkeiten am Ende sind. Aber er möchte uns dazu bringen, dass wir lernen mit seinen Möglichkeiten zu rechnen.

2. Jesus überwindet unsere Grenzen

Jesus hat den vielen Menschen eine lange Predigt gehalten. Philippus hat vielleicht gar nicht richtig zuhören können. Er hat ständig überlegt, wie er die vielen Leute satt kriegen soll. Und ihm ist einfach nichts eingefallen.

Aus den anderen Evangelien erfahren wir, dass Jesus nach seiner Predigt den Jüngern gesagt hat, dass sie sich umschauen sollen, wer etwas zu essen dabei hat (Markus 6,38). Und das Ergebnis der Suchaktion steht bei uns in den Versen 8+9:

> „Spricht zu ihm einer seiner Jünger, Andreas, der Bruder des Simon Petrus: Es ist ein Kind hier, das hat fünf Gerstenbrote und zwei Fische; aber was ist das für so viele?“

Der **Andreas** hat bei der Suchaktion also Erfolg gehabt. Er hat **ein Kind**, einen Jungen gefunden, der Essen dabei gehabt hat. Aber was der Junge da hat, ist einfach nur lächerlich. Wie sollen mit **5 Gerstenbroten** und **zwei** getrockneten **Fischen** Tausende satt gemacht werden? Wenn man einem etwas davon gibt, dann reicht das grad so für eine Zahnfüllung!
Aber Jesus winkt nicht verächtlich ab, sondern, Verse 10-11:

> „Jesus aber sprach: Lasst die Leute sich lagern. Es war aber viel Gras an dem Ort. Da lagerten sich etwa fünftausend Männer. Jesus aber nahm die Brote, dankte und gab sie denen, die sich gelagert hatten; desgleichen auch von den Fischen, soviel sie wollten."

Jesus spannt seine Jünger in seine Arbeit ein. Sie sollen dafür sorgen, dass sich die Leute gruppenweise auf den Boden setzen.

Die **5000 Männer** sind natürlich über den Daumen gezählt. Dass Frauen und Kinder nicht mitgezählt sind, kann daran liegen, dass nicht viele Frauen dagewesen sind. Sie sind zahlenmäßig nicht ins Gewicht gefallen. Frauen und Kinder haben sich damals viel mehr im häuslichen Bereich aufgehalten als heute.

Das Entscheidende ist, dass Jesus die wenigen Brote nimmt. Er verachtet nicht die kleine Menge, die man ihm bringt. Alles, was du Jesus gibst, bedeutet ihm immer sehr viel!

Dann spricht Jesus ein **Dank**gebet. Die Juden haben vor jedem Essen Gott gedankt. Jesus zeigt uns hier, dass es eine gute Gewohnheit ist. Diese Tradition dürfen wir uns auf keinen Fall abgewöhnen. Denn alle guten Gaben kommen immer von Gott. Auch wenn sie noch so klein sind!

Dann teilt Jesus die Brote und die Fische aus. Im Vers 11 steht ausdrücklich: **„So viel sie wollten"**. Es war also für alle genug da. Jesus hat ein ganz gewaltiges Wunder getan!

Jesus hätte es auch so machen können, dass plötzlich ein riesiger Haufen Brote und Fische dagestanden wäre. Jeder hätte sich holen können wie viel er will. Aber Jesus hat Stücke abgebrochen und weiter gegeben. In den anderen Evangelien steht, dass er es zuerst den Jüngern gegeben hat. Die Jünger haben die Stücke an das Volk weitergegeben. Und wer es bekommen hat, der hat es an andere weitergegeben!

So ist es bis heute. Wer Gottes Wort gehört hat, der gibt es an andere weiter. Und die anderen geben es auch wieder weiter. So wird das Reich Gottes gebaut!

Vielleicht denkst du manchmal, dass du nicht so sehr begabt bist. In der Schule den Stoff nicht so gut kapierst, wie die anderen. Du hast wenig Energie um etwas zu tun. Oder vielleicht musst du viel tun und hast wenig Zeit. Dann mach es so, wie es hier beschrieben ist.
Das Wenige das du hast, das leg Jesus in die Hände. Dann warte, was Jesus daraus macht.

- Leg ihm deine Sorgen hin.
- Auch die nervigen Menschen.
- Deine Gaben.
- Auch dein Geld kannst du ruhig in Jesu Hände legen.

Wenn Jesus es verwaltet, dann wird viel daraus. Das kannst du wirklich glauben!

Auch du selbst gehörst in die Hände Jesu. Dein ganzes Leben, mit allen Ecken und Winkeln, überlasse ihm. Dann wird dein Leben gut und wertvoll!

Vincent van Gogh hat mal ein Stück Leinwand gekauft, für umgerechnet 70 Cent. Dann hat er darauf das Portrait des Dr. Gachet gemalt. Dieses Bild ist im Jahre 1990 für 82,5 Millionen Dollar ersteigert worden. Es gehört zu den am teuersten verkauften Gemälden.
Was für eine Wertsteigerung, wenn ein Meistermaler einen Fetzen Leinwand in die Hand bekommt. Was glaubst du, was der größte Weltmeister aller Zeiten, Jesus Christus, aus deinem Leben machen wird, wenn du es ganz in seine Hand legst!

> Verse 12+13: „Als sie aber satt waren, sprach er zu seinen Jüngern: Sammelt die übrigen Brocken, damit nichts umkommt. Da sammelten sie und füllten von den fünf Gerstenbroten zwölf Körbe mit Brocken, die denen übrigblieben, die gespeist worden waren."

Was hier passiert, das erinnert an das Wunder, das durch den Propheten Elisa geschehen ist. In 2. Könige 4,42-44 wird berichtet, wie ein Mann 20 Gerstenbrote dem Elisa bringt. Der Diener Elisas sagt, dass es zu wenig ist, weil er 100 Männer zu versorgen hat. Doch Elisa sagt:
„Gib den Leuten, dass sie essen! Denn so spricht der HERR: Man wird essen, und es wird noch übrigbleiben. Und er legte es ihnen vor, dass sie aßen; und es blieb noch übrig nach dem Wort des HERRN."
Ja, Gott gibt uns gern mehr als wir brauchen. Gott freut sich nicht wenn wir Mangel leiden!
Aber, was soll man machen, wenn man zu viel hat? Wegschmeißen?

- Nein!

Hier lesen wir, dass Jesus nicht will, dass etwas von seinem Essen **umkommt**. Die Jünger sollen **die übrigen Brocken einsammeln**. Das viele Essen, das Gott uns täglich aus Gnade schenkt und für die wir danken, kann man nicht einfach wegwerfen. Essen wegschmeißen ist für Jesus ein Unding. Hier müssen wir als Christen unser Gewissen unbedingt sensibilisieren. Ich bin jedes Mal betrübt, wenn ich sehe, wie gutes Essen in den Müll wandert. Ich bin so froh, dass ich eine Frau habe, die weiß, wie man Essensreste verwertet. Solche Frauen wünsche ich euch Männern!

Die **12 Körbe**, von denen hier die Rede ist, sind große Körbe, die man mit zwei Händen tragen muss. Wo sie die großen Körbe hergehabt haben, wissen wir nicht. Es ist aber nicht ausgeschlossen, dass dort ein Schafstall war. Und in dem Schafstall sind diese Körbe gestanden. Die Hirten haben vielleicht in ihnen Heu gelagert.
Wie auch immer. Auf jeden Fall hat in die Körbe ganz schön viel Brot reingepasst!

Jesus hat also das Wunder des Propheten Elisa bei Weitem übertroffen. Jesus ist größer ist als Elisa. Größer als alle Propheten. Er ist der, auf den die Propheten hingewiesen haben. Jesus ist der verheißene Messias!

3. Jesus lässt sich nicht eingrenzen

> Verse 14+15: „Als nun die Menschen das Zeichen sahen, das Jesus tat, sprachen sie: Das ist wahrlich der Prophet, der in die Welt kommen soll. Als Jesus nun merkte, dass sie kommen würden und ihn ergreifen, um ihn zum König zu machen, entwich er wieder auf den Berg, er selbst allein."

Die Menschen begreifen, dass Jesus vor ihren Augen etwas getan hat, das sich auf eine natürliche Weise nicht erklären lässt. Also muss Jesus **der Prophet** sein, den Mose angekündigt hat. Mose sagt nämlich in 5. Mose 18,15:
„Einen Propheten wie mich wird dir der HERR, dein Gott, erwecken aus dir und aus deinen Brüdern; dem sollt ihr gehorchen."
Sie haben an dem Zeichen erkannt, dass Jesus genau dieser **Prophet ist, der in die Welt kommen soll**. Und sie wollen Jesus zu ihrem **König machen**. Jesus soll ihr politischer Befreier und Brotgeber werden!

Aber Jesus will keinen politischen Aufstand anführen. Jesus will auch nicht ein Brotgott sein. Jesus will viel mehr. Er will sich für uns opfern. Er will für uns sein Leben geben, damit alle, die an ihn glauben, nicht in die Hölle kommen, sondern das ewige Leben bei Gott haben!

Jesus will nicht ein von Menschen erhobener König sein. Er will nicht der sein, der den Menschen ihre Interessen erfüllt. Darum **entweicht er** der begeisterten Meute. Er zieht sich **auf den Berg** zurück, weil er mit seinem himmlischen Vater **allein** sein will. Er will sich von ihm inspirieren und stärken lassen. Und das geht nur in der einsamen Stille!

Diese Stille braucht jeder von uns. Die Stille im Gebet und Gottes Wort. Hier tankst du die geistliche Kraft auf. Nur so bekommst du die Weisheit und die Kraft, den Willen Gottes zu tun!

Jesus lässt sich nicht in deine Lebensphilosophie einbauen. Er will nicht dein Problemlöser und dein Wunscherfüller sein, sondern Jesus will dein Retter und Chef sein. Er will, dass du dich retten lässt von allem, was dich von Gott trennt. Und dann will er, dass du dir von ihm alles sagen lässt. Auf diesem Weg wirst du auch erfahren, dass er deine Probleme löst und die tiefsten Wünsche erfüllt!

Ist Jesus dein Chef? Wenn ja, dann kannst du dir ganz sicher sein, dass Jesus deine Grenzen kennt. Und auch, dass Jesus deine Grenzen überwindet. Allerdings lässt er sich nicht von deinen Vorstellungen und Wünschen eingrenzen!

Johannes 6,16-29

Jesus holt heraus

Ein Insektenkenner hat die Puppe eines besonders schönen Falters beobachtet. Er berichtet:
„Als der Zeitpunkt des Ausschlüpfens gekommen war, konnte ich die ersten Anstrengungen sehen, die der Falter machte, um aus seinem Gefängnis herauszukommen. Während eines ganzen Vormittags kämpfte er, um die Hülle zu durchbrechen. Er schien bei einem gewissen Punkt nicht durchkommen zu können. Schließlich verlor ich die Geduld und wollte ihm helfen. Mit einer feinen Scherenspitze beseitigte ich vorsichtig die Fäden des Gewebes, um den Ausgang zu erweitern. Sofort kam der Schmetterling mit großer Leichtigkeit heraus. Aber wie eigentümlich war er gestaltet. An einem unförmig aufgedunsenen Körper waren an jeder Seite kleine, zusammengeschrumpfte Flügel. Meine unkluge Zärtlichkeit hatte das Verderben des Tieres verursacht. Gerade der Druck, den der Körper beim Herausschlüpfen hätte erleiden müssen, sollte die Lebenssäfte zwingen, in die Flügelgefäße einzudringen. Das war nun nicht geschehen. Der Falter blieb eine elende Missgestalt.“

Was der Insektenkenner gemacht hat, das möchten wir doch alle auch gern. Wir möchten, dass uns die Leiden erspart bleiben. Auch anderen möchten wir das Leid ersparen. Doch wie oft stellen wir fest, dass es gar nicht möglich ist. Und trotz allem Beten nimmt uns Gott viele Leiden nicht ab. Das liegt nicht daran, dass Gott unsere Gebete nicht erhört. Auch nicht daran, dass es Gott egal ist, wenn wir leiden. Sondern es liegt einfach daran, dass wir die Leiden brauchen. Wir brauchen sie, damit wir reifen und uns entfalten können. So wie die Schmetterlinge!

Als Christen leben wir immer noch in der Zeit der Zubereitung. Wir leben hier, damit wir für den Himmel passend gemacht werden. Wir sind noch nicht am Ziel. Wir können noch nicht wie im Himmel leben. Das vergessen wir leider viel zu oft!

Die Menschen in unserem heutigen Text haben das auch vergessen. Es sind mehr als 5000 Menschen. Jesus hat sie gerade mit fünf Broten und zwei Fischen satt gemacht. Er hat aus den fünf Broten und den zwei Fischen so viel gemacht, dass am Ende noch zwölf große Körbe gefüllt worden sind. Den Leuten ist klar geworden, dass Jesus der Prophet sein muss, den Gott für die letzten Tage angekündigt hat. Darum haben sie ihn als ihrem König ausrufen wollen. Aber als Jesus das gemerkt hat, hat er sich aus dem Staub gemacht. Warum?

- Weil er nicht gekommen war, um den Himmel auf Erden

aufzurichten.
- Jesus hat zuvor die Schuldfrage klären müssen.
- Und das Böse in der Welt muss erst noch beseitigt werden!

Darum hat Jesus seinen Jüngern gesagt, dass sie ins Boot steigen und nach Kapernaum fahren sollen. Er selbst hat sich auf einen Berg zurückgezogen, um zu beten.

Was lernen wir daraus? Zieht sich Jesus zurück, wenn es brenzlig wird?
- Auf keinen Fall!

Jesus holt uns aus den Leiden heraus.

1. Aus jedem Lebenssturm

> Verse 16+17: „Am Abend aber gingen seine Jünger hinab an den See, stiegen in ein Boot und fuhren über den See nach Kapernaum. Und es war schon finster geworden, und Jesus war noch nicht zu ihnen gekommen."

Jesus schickt die **Jünger** von der begeisterten Menge fort. Er will sie nämlich vor einer falschen Begeisterung bewahren. Sie sollten nicht das glauben und erwarten, was die Leute gern möchten. Sie sollen in die Wahrheit geführt werden. Und da haben sie noch viel zu lernen!

Und als die Jünger über den See fahren, wird es dunkel. Von Jesus war keine Spur zu sehen. Er hat ihnen nicht erklärt, wohin er geht und wann er wieder kommt. Er lässt sie einfach in der Dunkelheit und Ungewissheit allein!

Das ist die Lage, in der wir jetzt stehen. Wir leben in der dunklen Welt, sehen Jesus nicht und wissen nicht wann er kommt. Viele Fragen bleiben unbeantwortet!

Und dann wird es auch noch gefährlich, Vers 18:

> „Und der See wurde aufgewühlt von einem starken Wind."

Auf dem **See** Genezareth können plötzlich ganz heftige Stürme entstehen. Der **starke Wind** wühlt das Wasser kräftig auf. Hohe Wellen entstehen. Und wer auf dem See unterwegs ist, für den wird es lebensgefährlich.
Die Jünger befinden sich also in höchster Lebensgefahr. Der Sturm treibt das Boot mitten auf dem See hin und her. Sie rudern und rudern und kommen nicht vorwärts. Warum hat Jesus nur gesagt, dass sie mit dem Boot ans andere Ufer fahren sollen? Hat er nicht gewusst, dass in der Nacht ein starker Sturm aufkommen soll? Und warum lässt er sie so lange allein?

Das sind Lagen, in die jeder von uns früher oder später kommt:

- Der Firma geht es schlecht und der Chef kündigt Entlassungen an.
- In der eigenen Ehe hängt der Segen schief.
- Die Kinder wollen alles, nur nicht das, was die Eltern wollen.
- Das Geldkonto ist schon seit Monaten überzogen.
- Dann geht auch noch das Auto kaputt.
- Und in den Nachrichten hört man auch nichts Gutes mehr.

Warum bin ich denn ein Christ, wenn es mir nicht besser geht als allen anderen? Ich sehe nichts von Gottes Liebe!
Wozu noch beten? Es tut sich ja doch nichts!

> Vers 19: „Als sie nun etwa eine Stunde gerudert hatten, sahen sie Jesus auf dem See gehen und nahe an das Boot kommen; und sie fürchteten sich."

Wo Luther **„eine Stunde"** übersetzt, steht im griechischen Grundtext 25 oder 30 Stadien. Das sind etwa 5 Kilometer. 5 Kilometer im **starken Wind** zu rudern, macht einen ganz schön schlapp.
Und dann sehen sie auch noch eine Gestalt auf dem Wasser rumlaufen. Sind das Wahnvorstellungen?
Die Evangelisten Matthäus und Markus schreiben, dass die Jünger gedacht haben, dass ein Gespenst zu ihnen kommt. Schaurige Gespenstergeschichten aus ihrer Kindheit kommen ihnen in den Sinn.
Erst als die Gestalt **nahe an das Boot kommt**, erkennen sie ihn. Es ist Jesus. Wieso läuft er auf dem Wasser? Muss denn das sein? Er hätte doch den Sturm abschalten können, damit die Jünger ganz normal ans Ufer rudern können!
Aber Jesus möchte den Jüngern etwas ganz Wichtiges zeigen. In der Bibel steht nämlich, wer auf dem Wasser gehen kann. Es steht in Hiob 9,8:
„Er (Gott) *allein breitet den Himmel aus und geht auf den Wogen des Meers."*
Der Gott, der allein fähig ist den Himmel auszubreiten, ist auch allein fähig auf den Wasserwellen zu laufen. So steht es in der Bibel!
Jesus zeigt den Jüngern also, dass er Gott ist. Jesus kann das, was nur Gott allein kann!
Das ist also der Grund, weswegen sie Jesus allein auf dem stürmischen See gelassen hat. Damit er auf den Wasserwellen zu ihnen kommt und sie ihn als ihren Gott erkennen!

Das war aber sicher nicht der einzige Grund. Sie sollten zugleich erleben, dass Jesus nie zu spät kommt. Dass er sie sehr wohl in gefährliche Situationen schickt. Aber er greift immer rechtzeitig ein!
Das verdeutlicht der Evangelist Matthäus noch mehr, indem er diese

Geschichte viel ausführlicher beschreibt. Er schreibt, dass Petrus Jesus gebeten hat, dass er machen soll, dass er auch auf dem Wasser laufen kann. Und es ist ihm gelungen. Dann aber hat er Angst vor den Wellen gekriegt und ist gesunken. Doch Jesus hat ihn rechtzeitig gerettet. Jesus kommt also wirklich nie zu spät!

Und was sagt Jesus, als die Jünger in Angst und Not sind?

> Vers 20: „Er aber sprach zu ihnen: Ich bin's; fürchtet euch nicht!“

Mit den Worten **„Ich bin's“**, gibt sich Jesus zu erkennen. Diese Worte haben eine tiefe Bedeutung. Denn das sind genau die Worte, mit denen sich Gott dem Mose am Dornbusch vorgestellt hat 2. Mose 3,14:
„Ich bin, der ich bin“.
Mit diesen Worten hat sich Gott dem Volk Israel am Berg Sinai vorgestellt 2. Mose 20,2:
„Ich bin der HERR, dein Gott.“
Genauso stellt sich hier Jesus den Jüngern vor:
„Der Ich bin ist da, darum **fürchtet euch nicht!**“
So hat Gott immer wieder sein Volk ermutigt, gestärkt und getröstet.
Z.B. hat Gott zum Abraham gesagt 1. Mose 15,1:
„Fürchte dich nicht, Abram! Ich bin dein Schild und dein sehr großer Lohn.“
Oder in Jesaja 41,10 sagt Gott zu seinem Volk Israel:
„Fürchte dich nicht, ich bin mit dir; weiche nicht, denn ich bin dein Gott.“
In Jesus ist Gott da. Darum braucht sich kein Nachfolger Jesu zu fürchten. Auch in der größten Gefahr nicht.
Wenn heute Stürme Hausdächer abdecken, Hochwasser Wohngebiete überschwemmt, Brände Wälder vernichten, dann ist Jesus den Seinen genauso nah wie damals den Jüngern. Er umsorgt sie genauso wie damals!

Darum, wenn du schwer krank wirst, dann fürchte dich nicht. Denn der Ich bin, der dich liebt, ist da. Er kann dich genauso gesund machen, wie er damals die Menschen gesund gemacht hat. Wenn er's nicht macht, dann heißt es nicht, dass er's nicht kann. Sondern er will es nicht, weil er mit der Krankheit etwas Gutes vor hat. Er bereitet dich damit für die Ewigkeit zu!

Das Gleiche gilt für jedes ungelöste Problem. Jesus ist dir mit seiner ganzen göttlichen Macht da. Er macht gerade etwas Gutes mit dir. Und solange er noch bei der Arbeit ist, lass dich mit dem Trost trösten, mit dem Gott sein Volk und Jesus seine Jünger getröstet hat. Klammer dich an Jesus fest und lass ihn machen!

Irgendwo in China gibt es eine ganz gefährliche Strömung. An einer bestimmten Stelle sind Schiffe immer wieder gekentert. Fachleute haben

die Strömung erforscht. Dann haben sie an einer Stelle, die sie genau berechnet haben, einen Felsen aufgestellt. Auf dem Felsen haben sie die Worte angebracht: „Auf mich zu!“ Es sieht zunächst aus, als ob der Fels nur im Weg steht. Aber jeder, der sein Schiff auf den Felsen zulenkt, kommt heil durch die lebensgefährliche Strömung durch.
So steht auch Jesus inmitten der Strömungen der Welt da. Viele meinen, dass er hier nicht hineinpasst. Wer aber sein Lebensschiff auf ihn ausrichtet, kommt heil durch die Welt. Schau darum nicht darauf, wonach die anderen ihr Leben ausrichten. Halte deinen Kurs fest auf Jesus zu. Das ist der einzige Weg, um das ewige Leben zu erreichen!

> Vers 21: „Da wollten sie ihn ins Boot nehmen; und sogleich war das Boot am Land, wohin sie fahren wollten.“

Der Evangelist Johannes erwähnt nicht, dass der Wind sich gelegt hat. Auch nicht, dass die Jünger vor Jesus niedergefallen sind und ihn als den wahrhaftigen Sohn Gottes bekannt haben. Johannes will nämlich nicht noch einmal schreiben, was andere schon geschrieben haben. Er will vielmehr die drei anderen Evangelien ergänzen. Darum verweist er hier nur auf ein Wunder, das die anderen Evangelien nicht erwähnen. Jesus hat das Boot in einem Augenblick ans Land gebracht.
Im Psalm 107,28-30 ist von so einem Wunder die Rede:
„Die dann zum HERRN schrien in ihrer Not, und er führte sie aus ihren Ängsten und stillte das Ungewitter, dass die Wellen sich legten und sie froh wurden, dass es still geworden war und er sie zum erwünschten Lande brachte.“
Das Wunder, das Gott damals getan hat, das tut Jesus jetzt genauso. Jesus vollbringt die Wunder Gottes!

Wieder zeigt Jesus, dass er ihr Gott ist. Jesus rettet seine Jünger aus der Todesnot im Seesturm. Darum kannst du als Nachfolger Jesu voll und ganz darauf bauen, dass Jesus dich auch aus allen Stürmen deines Lebens retten wird. Manchmal schneller als du denkst!

Und er holt dich aus noch etwas heraus:

2. Aus jeder falschen Erwartung

> Verse 22-24: „Am nächsten Tag sah das Volk, das am andern Ufer des Sees stand, dass kein anderes Boot da war als das eine, und dass Jesus nicht mit seinen Jüngern in das Boot gestiegen war, sondern seine Jünger waren allein weggefahren. Es kamen aber andere Boote von Tiberias nahe an den Ort, wo sie das Brot gegessen hatten unter der Danksagung des Herrn. Als nun das Volk sah, dass Jesus nicht da war und seine Jünger auch nicht, stiegen sie in die Boote und fuhren nach

> Kapernaum und suchten Jesus.“

Das Volk, das Jesus mit den fünf Broten und zwei Fischen gespeist hat, hat vor Ort die Nacht verbracht. Am Morgen haben sie festgestellt, dass Jesus und die Jünger weg sind. Einige müssen gesehen haben, dass die Jünger am Abend mit ihrem Boot weggefahren sind, aber Jesus nicht mit eingestiegen ist. Und weil **ein Boot** immer noch **da** ist, muss Jesus noch in der Nähe sein!

Dann sind einige **Boote von** der Stadt **Tiberias** gekommen. Das Volk hat den Ankömmlingen erzählt, was für ein sensationelles Wunder Jesus getan hat. Die Leute aus Tiberias sind begeistert. Sie wollen auch so ein Wunder erleben. Darum machen sie sich auf die Suche nach Jesus. Sie vermuten, dass er in **Kapernaum** sein könnte, weil Jesus dort gewohnt hat. Die Leute aus Tiberias nehmen einige Leute in ihre Boote auf und rudern nach Kapernaum.

Bis heute gibt es so Leute, die fahren hunderte oder sogar tausende Kilometer, um einen Wunderheiler zu erleben. Diesen Leuten gelten die folgenden Verse ganz besonders.

> Verse 25-27: „Und als sie ihn fanden am andern Ufer des Sees, fragten sie ihn: Rabbi, wann bist du hergekommen? Jesus antwortete ihnen und sprach: Wahrlich, wahrlich, ich sage euch: Ihr sucht mich nicht, weil ihr Zeichen gesehen habt, sondern weil ihr von dem Brot gegessen habt und satt geworden seid. Schafft euch Speise, die nicht vergänglich ist, sondern die bleibt zum ewigen Leben. Die wird euch der Menschensohn geben; denn auf dem ist das Siegel Gottes des Vaters.“

Die begeisterten Leute finden Jesus in Kapernaum. Sie wollen wissen, **wann** er denn angekommen ist. Er muss nämlich in der Nacht weit gelaufen sein. Aber Jesus geht auf ihre Frage gar nicht ein. Er geht gleich ins Zentrum. Er zeigt ihnen, was sie wirklich im Sinn haben. Sie sind an den materiellen Dingen interessiert. Sie möchten einen Wundertäter haben, der ihnen Brot herbeizaubert. Der ihre leiblichen Bedürfnisse befriedigt. Sie wollen einen Messias für die diesseitige Welt. Einen, der ihnen hier eine heile Welt schafft!

Bis heute versuchen Menschen so eine Welt zu schaffen, trotz der Sünde in der Welt. Der Teufel hat Jesus so eine Welt angeboten. Jesus hätte der Messias einer sündigen Welt werden können. Aber dieses Angebot hat Jesus abgelehnt!

Das war auch der Grund, weshalb sich Jesus von den begeisterten Leuten zurückgezogen hat. Weil auch sie versucht haben ihn zum Messias einer solchen Welt zu machen. Aber Jesus muss erst das Problem mit der Sünde klären. Darum verweist er auf eine andere Speise. Auf eine unvergängliche Speise. Wer die hat, der wird sie im ewigen Leben noch haben. Und wo kriegt man diese Speise her?

- Jesus sagt: **„Die wird euch der Menschensohn geben."**

Später wird Jesus erklären, dass er selbst diese Speise ist. Man muss ihn aufnehmen, um das ewige Leben zu haben!

Sobald wir in der Ewigkeit sind, werden wir merken, wie wenig alle Dinge dieser Welt wert sind. Aber wir hetzen uns dafür ab, wie wenn es sich um ganz große Dinge handeln würde. Darum stellt Jesus auch dich vor die gleiche Frage:

- Geht es dir im Glauben nur darum, dass es dir besser geht?
- Oder möchtest du einfach nur bei Jesus sein, egal was er mit dir macht?
- Darf Jesus dein Leben nach seinem Willen gestalten?

Jesus will dir doch weit mehr geben, als ein besseres Leben auf Erden. Er will sich dir selbst geben. Er will dir die Liebesbeziehung zu Gott geben, die ewig bleibt. Ist dir das überhaupt wichtig?

> Verse 28+29: „Da fragten sie ihn: Was sollen wir tun, dass wir Gottes Werke wirken? Jesus antwortete und sprach zu ihnen: Das ist Gottes Werk, dass ihr an den glaubt, den er gesandt hat."

Die Juden wollen das, was alle Religionen lehren:

- Tue Gutes, dann gefällst du Gott und er wird es dir lohnen.

Jesus macht aber klar, dass wir gar nicht die **Werke** tun können, die Gott gefallen. Dazu sind wir viel zu sehr von der Sünde verdorben. Es gibt nur ein **Werk**, das Gott bei uns sucht. Und das ist der **Glaube** an Jesus.
Genau das erklärt Jesus den begeisterten Leuten hier. An Jesus glauben ist das einzige Werk das wir tun müssen, um ewiges Leben zu haben. So schlicht und einfach ist es. Jesus rettet und nicht deine Werke. Wenn du an Jesus glaubst, dann kann Gott seine Werke durch dich tun!

Aber was heißt glauben überhaupt? Reicht es, wenn ich mit dem Verstand begreife, dass Jesus lebt und für meine Sünden gestorben ist? Diesen Glauben hat der Teufel auch.

- Glauben heißt, das Heil persönlich annehmen, das Jesus am Kreuz vollbracht hat!
-

Schau mal: Ich stelle dir jetzt das Brot hier hin. Nützt es dir was? Du kannst die Form anschauen, die Löcher zählen, den Duft genießen. Aber du wirst trotzdem verhungern. Wenn dir Brot helfen soll, dann musst du es nehmen

und essen!
Genauso ist es auch mit dem Glauben an Jesus. Du kannst an alles glauben, was Jesus getan und gesagt hat. Du kannst sogar versuchen das zu machen, was Jesus gesagt und getan hat. Aber du bekommst auf diese Weise nicht das ewige Leben. Du wirst trotz allem in die Hölle kommen. Denn du hast Jesus nicht aufgenommen. Jesus kann nicht in dir leben und dich nicht gestalten. Er kann dir nicht deine Sünden wegnehmen und dich zum Ebenbild Gottes umgestalten. Denn du sagst, dass du an Jesus glaubst, aber du tust trotzdem, was du für richtig hältst. Das ist der falsche Weg. Diesen Weg versuchen die Menschen, in allen Religionen zu gehen. Aber Gott kann nur ein einziges Werk anerkennen, um uns ewiges Leben zu geben. Und das ist der Glaube an Jesus. In dem Sinn, dass du Jesus wie Brot in dein Leben aufnimmst. Alles andere wird er dann in dir tun. Darf er das?

Hast du Jesus, dann hast du die größte Gabe überhaupt. Denn Jesus holt dich aus allem heraus, was dein Leben beschwert. Kein Lebenssturm ist ihm zu stark, den er nicht stillen könnte. Und er holt dich gern aus jeder falschen Vorstellung und Erwartung heraus. Was er dir dann gibt, hat ewigen Wert!

Johannes 6,30-40

Wer zu Jesus kommt ...

Eine Hausfrau war gerade beim Geschirr spülen. Da ist ihr der Gedanke gekommen: „Wie oft hab ich diesen Teller schon abgewaschen? Wie oft hab ich ihn abgetrocknet?“ Sie hat den Teller beiseite gestellt, hat ihre Schürze an den Haken gehängt, hat ein paar Dinge zusammengepackt und ist gegangen. Am Abend hat sie ihren Mann angerufen und gesagt, dass es ihr gut geht, aber sie kommt nicht mehr nach Hause.
In den folgenden Wochen hat sie immer wieder angerufen. Sie hat sich erkundigt, wie es ihrem Mann und den Kindern geht. Aber wo sie gerade wohnt und was sie macht, hat sie nicht verraten wollen. Ihr Mann hat sie angefleht, dass sie doch bitte wieder nach Hause kommt. Aber sie hat nicht gewollt.
Dann hat sich der Mann einen Detektiv angeheuert. Er sollte seine Frau ausfindig machen. Der hat nach einiger Zeit herausgefunden, dass sie sich eine kleine Wohnung in einer anderen Stadt gemietet hat. Die Wohnung ist über einem Restaurant, in dem sie als Kellnerin arbeitet.
Der Mann macht sich sofort auf den Weg zu ihr. Er klopft an der Wohnungstür, sie öffnet und sagt kein Wort. Dann geht sie ins Schlafzimmer, packt ihre Sachen zusammen und folgt ihm wortlos zum Auto. Sie fahren nach Hause und keiner sagt ein Wort.
Einige Stunden später bricht der Mann das Schweigen und sagt:
„Warum bist du denn nicht schon vorher nach Hause gekommen? Ich hab dich doch am Telefon angefleht. Warum bist du nie darauf eingegangen?“
Da sagt die Frau: „Ich hab deine Worte gehört, aber erst als du zu mir gekommen bist, ist mir klar geworden, wie wichtig ich dir bin und was ich dir bedeute.“

Mich fasziniert diese Geschichte, denn so ähnlich verläuft die Geschichte Gottes mit uns Menschen. Wir sind von Gott abgehauen. Wir haben uns entschieden unseren eigenen Weg zu gehen. Gott hat uns angefleht zu ihm umzukehren. Aber sein Werben ist bei uns auf taube Ohren gestoßen.
Dann hat sich Gott persönlich zu uns auf den Weg gemacht. Er ist Mensch geworden und hat mit uns zusammen gelebt. Schließlich hat er alle unsere Schuld auf sich genommen. Damit hat er uns unüberbietbar bewiesen, dass er uns liebt.
Aufgrund dieses Liebesbeweises, bekehren sich Menschen auf der ganzen Welt zu Jesus. Dabei erfahren sie nach und nach, dass bei Gott zu wohnen weit besser ist, als sonst wo. Denn wer zu Jesus kommt ...

1. ... wird ewig satt

Unser Text ist ein Ausschnitt aus einer Diskussion Jesu mit den Juden. Jesus wirbt um die Juden. Aber die Juden bleiben skeptisch.

> Verse 30+31: „Da sprachen sie zu ihm: Was tust du für ein Zeichen, damit wir sehen und dir glauben? Was für ein Werk tust du? Unsre Väter haben in der Wüste das Manna gegessen, wie geschrieben steht: 'Er gab ihnen Brot vom Himmel zu essen.'"

Die Juden wollen, dass Jesus ihnen **ein Zeichen** liefert. Dann sind sie bereit ihm zu **glauben**. Er soll ihnen mal **das Manna vom Himmel** regnen lassen, wie es die Israeliten **in der Wüste** zur Zeit Moses erlebt haben.

Dabei hat ihnen Jesus gerade erst ein Tag zuvor ein Zeichen gegeben. Er hat mit fünf Broten und zwei Fischen über 6000 Menschen satt gemacht. Die Juden sind dabei so begeistert gewesen, dass sie ihn zu ihrem König haben krönen wollen. Aber jetzt soll Jesus wieder ein Zeichen machen. Das Zeichen von gestern reicht ihnen nicht.

So war das in der Geschichte Israels schon immer. Gott hat den Israeliten immer wieder Zeichen und Wunder gegeben. Sie sind danach jedes Mal begeistert gewesen. Aber dic Wirkung hat ganz schnell nachgelassen. Sie haben wieder Gott verlassen und sind ihren Weg gegangen.

Ist es in unserem Glaubensleben anders? Du bittest Gott um etwas, Gott erhört dein Gebet und du bist voll begeistert. Aber am nächsten Tag läuft etwas nicht ganz rund und du bist wieder voller Zweifel ob Gott lebt und dir hilft!

So ist es auch in unserem Text. An dem Unglauben der Juden hätte sich nichts geändert, wenn Jesus ihren Wunsch erfüllt hätte. Auch der Apostel Paulus sagt in 1. Korinther 1,22+23:
„Die Juden fordern Zeichen, und die Griechen fragen nach Weisheit, wir aber predigen den gekreuzigten Christus."
Bis heute wollen die Leute erst sehen und alles verstehen. Sie meinen, dass sie sich dann auf Gott einlassen werden. Aber das ist eine Täuschung. Es gibt auch heute noch genug Zeichen und Wunder. Schon allein, wenn man sich die Schöpfung genauer anschaut. Es gibt auch genug Argumente, die für den Glauben an Gott sprechen. Aber auf diesem Weg kommen die Menschen nicht zu Gott. Sie machen es so, wie die Juden hier. Sie zerreden die Zeichen und Wunder und Argumente einfach.
Der Glaube kommt nämlich aus der umgekehrten Reihenfolge:

- Erst glauben, dann schauen.

So hat es Jesus zur Marta gesagt Johannes 11,40:
„Wenn du glaubst, wirst du die Herrlichkeit Gottes sehen."

Zu Gott kann man nur kommen, wenn man Jesus völliges Vertrauen schenkt!

> Verse 32-34: „Da sprach Jesus zu ihnen: Wahrlich,wahrlich, ich sage euch: Nicht Mose hat euch das Brot vom Himmel gegeben, sondern mein Vater gibt euch das wahre Brot vom Himmel. Denn Gottes Brot ist das, das vom Himmel kommt und gibt der Welt das Leben. Da sprachen sie zu ihm: Herr, gib uns allezeit solches Brot."

Wie geduldig und liebevoll Jesus bleibt. Er macht den Juden keinen Vorwurf, weil sie ein weiteres Zeichen von ihm fordern. Er will ihnen helfen. Er wirbt um sie. Jesus macht ihnen bewusst, dass es gar **nicht Mose** war, der den Vätern das Manna gegeben hat. Sie sollen aus Mose nicht mehr machen, als er wirklich war. Mose hat gebetet und das Wort Gottes dem Volk weitergegeben. Alles andere hat der Vater im Himmel getan.
Und genau das Gleiche ist auch jetzt der Fall. Jesus tut nichts von sich aus. Er tut nur das, was sein Vater im Himmel durch ihn wirkt. Und sein **Vater gibt das wahre Brot vom Himmel**. Dieses Brot hat er ihnen vom Himmel fallen lassen. Dieses Brot gibt nicht nur den Juden, sondern der ganzen **Welt das Leben.**
Damit bietet Jesus mehr als Mose ihnen gegeben hat. Denn Mose hat nur den Leib des Volkes Israel gespeist. Aber Jesus speist Menschen aus allen Völkern an Geist und Seele. Er bietet ihnen das ewige Leben an!

Aber das haben die Juden jetzt nicht verstehen können. Sie haben gemeint, dass der Vater essbares Brot vom Himmel gibt, das den Magen für alle Zeiten füllt. Darum wollen sie von Jesus so ein Brot haben. Dann müssten sie nicht mehr so hart um das tägliche Brot arbeiten!

Völlig verständlich, dass sie sich das wünschen. Aber Jesus ist nicht gekommen, um unseren Magen zu füllen. Er ist nicht gekommen, damit wir in diesem Leben im Wohlstand leben können. Darum sagt Jesus jetzt unmissverständlich wo das Brot zu finden ist von dem er spricht, Vers 35:

> „Jesus aber sprach zu ihnen: Ich bin das Brot des Lebens. Wer zu mir kommt, den wird nicht hungern; und wer an mich glaubt, den wird nimmermehr dürsten."

Jetzt ist alles klar. **Das Brot**, von dem Jesus die ganze Zeit gesprochen hat, ist nicht materiell, sondern das wahre Brot vom Himmel, das der Vater gibt, ist Jesus. Man muss Jesus haben, um ewig bei Gott im Himmel zu leben. Das ist weit mehr als alles, was Mose dem Volk Israel gegeben hat!

Ja, Jesus will für uns wie Brot sein. Das Grundnahrungsmittel. Nicht

Schokolade. Nicht Sahnetorte. Denn ohne dem kann man leben. Und zu viel davon schadet der Gesundheit!
Jesus will für uns das Wichtigste sein, das wir haben. Jesus will für uns unverzichtbar sein. Wir sollen von ihm nicht genug kriegen!

Das geht aber nur, wie Jesus es ausdrücklich sagt, wenn du **zu ihm kommst**. Dafür musst du dich persönlich entscheiden!

Stell dir mal vor, du bekommt von jemand einen Heiratsantrag. Dann musst du dich entscheiden. Du musst entweder ein klares Ja oder ein klares Nein geben. Solange du den Antrag nicht mit einem klaren Ja beantwortest, kannst du nicht heiraten.
Und so ist es auch im Glauben. Solange du dich für Jesus nicht entschieden hast, kann er nicht dein Brot sein. Jesus wird höchstens dein Nachtisch sein. Und das schadet dir mit der Zeit!

Jesus verspricht jedem, der **zu ihm kommt und an ihn glaubt**, dass er **nie mehr hungern und dürsten** wird. Das darf man nicht im materiellen Sinn verstehen, wie es die Juden verstanden haben. Denn viele Nachfolger Jesu sind in Gefängnissen und Lagern verhungert und verdurstet. Jesus meint hier den geistlichen Hunger und Durst. Wer zu ihm kommt und an ihn glaubt, wird nie mehr hungern und dürsten nach den unsichtbaren Dingen.

- Jesus befriedigt unsere Sehnsucht nach Gott.
- Er nimmt uns die Angst vor dem Tod weg.
- Auch die Angst vor Gottes Gericht.
- Er ernährt uns mit dem, was wir zum ewigen Leben brauchen.
- Mit dem, was wir für die Liebesbeziehung mit Gott brauchen.

Das kann uns keiner sonst bieten!

Wer einmal zu Jesus gekommen ist, der kann sich sein Leben ohne ihn nicht mehr vorstellen. Der begreift immer mehr, wie wenig ihm die Welt zu bieten hat. Denn wer zu Jesus kommt, wird ewig satt.
Und noch etwas: wer zu Jesus kommt ...

2. ... wird ewig geliebt

> Verse 36+37: „Aber ich habe euch gesagt: Ihr habt mich gesehen und glaubt doch nicht. Alles, was mir mein Vater gibt, das kommt zu mir; und wer zu mir kommt, den werde ich nicht hinausstoßen."

Damit sagt Jesus den Juden ganz deutlich, dass wenn er ihnen ein Wunder vorführen würde, würden sie dennoch **nicht glauben**. Das Sehen führt nicht zum Glauben. Denn zum Glauben an Jesus kommt nur der, den der himmlische **Vater zu Jesus führt**!

Bei solchen Aussagen stellt sich uns immer gleich die Frage: Was ist mit denen, die nicht zu Jesus kommen? Hat sie der Vater nicht zu Jesus geführt?

- In der Bibel finden wir keine Aussage darüber, dass es Menschen gibt, die der Vater nicht retten will.
- In der Bibel steht allerdings, dass Gott alle Menschen retten will.

Darum kann das nur bedeuten, dass es nicht an Gott liegt, dass nur wenige Menschen zu Jesus finden. Es liegt an den Menschen, dass sie sich nicht ziehen lassen!

Der Vater arbeitet an jeder Seele und möchte sie aus den Klauen Satans und der Sünde befreien. Und sobald sich eine Seele für die Rettung entscheidet, dann nimmt sie Jesus an. **Jesus schmeißt keinen weg, der zu ihm kommt.** Keiner kann sagen: „Gott will mich nicht!“ Jeder Mensch ist Jesus enorm kostbar. Jesus hat für jeden einen sehr teuren Preis gezahlt. Er hat sein Leben geopfert. Darum kann sich jeder wiedergeborene Christ 100% sicher sein, dass sich Jesus niemals von ihm scheiden lassen wird!
Jesus ist unsere Hautfarbe völlig egal. Auch die Sprache spielt keine Rolle. Der Intelligenzquotient ist Jesus so was von egal. Auch wenn du in deinem Leben manches verbockt hast, wird dich Jesus nicht abweisen!

Zu Jesus dürfen auch Coronakranke kommen. Auch die Geimpften und die Nichtgeimpften. Wenn man zu ihm kommt, muss man sich nicht vorher testen lassen. Jeder, absolut jeder hat freien Zugang zu Jesus. Ohne wenn und aber. Wie traurig und leichtsinnig, wenn man dieses Angebot ablehnt!

Zu Jesus dürfen auch die Zweifler kommen. Die, die immer so schnell unsicher werden, ob das, was sie glauben, auch wirklich richtig ist. Die Jünger Jesu haben auch gezweifelt, ob Jesus auferstanden ist. Sie haben selbst dann noch gezweifelt, als Jesus vor ihnen gestanden ist. Aber Jesus hat sie deswegen nicht abgewiesen. Dich wird er genauso wenig abweisen, weil du immer wieder im Glauben weiche Knie kriegst. Unsicher bist, ob dich Jesus wirklich liebt. Zweifelst, ob du wirklich gerettet bist, seit du dich zu Jesus bekehrt hast. Zweifelst, ob Jesus deine schwere Lage wirklich im Griff hat!

Denk immer daran: Jesus hat auch die Zweifler lieb. Er öffnet auch ihnen seine Arme. Er lässt keinen abblitzen. Er bietet jedem eine Stelle im Reich Gottes an. Eine Stelle, mit ewigem Kündigungsschutz!

Du brauchst keine Zeichen und Wunder, um zu wissen, dass Jesus mit dir geht. Die Bibel zeigt immer wieder, dass die Zeichen und Wunder eine schlechte Basis für den Glauben sind. In Krisenzeiten helfen sie nicht. Was hilft, ist nur die glasklare Entscheidung für Jesus. So wirst du von aller Schuld und Sünde befreit. Der Heilige Geist macht dich auch innerlich gewiss, dass du gerettet bist. Deine klare Entscheidung für Jesus gibt dir alles Weitere, was du für deinen Glauben brauchst!

Ein Mann war in einem Zug gesessen und hat beobachtet, wie sich ein Mann um seinen schwer kranken Freund liebevoll kümmert. Er ist mit ihm ins Gespräch gekommen und der Mann hat ihm erzählt, dass sie beide früher im Vietnamkrieg gekämpft haben.
„Mein Freund und ich wurden verwundet. Ich habe ein Bein verloren und trage seit dem eine Prothese. Meinem Freund wurde durch eine Handgranate der halbe Brustkorb weggesprengt. Bis heute hat er noch Splitter im Körper und hat Schmerzen bei jeder Bewegung. Der Hubschrauber, der uns rausholen sollte, wurde abgeschossen. Als wir die Explosion gesehen haben, wussten wir, dass keine Hoffnung auf Rettung mehr bestand. In dieser Situation nahm mein Freund alle seine Kraft zusammen und stand auf. Bei jeder Bewegung schrie er vor Schmerzen. Dann griff er nach meiner Hand und fing an, mich durch den Dschungel zu zerren. Ich versuchte ihn davon abzuhalten. Ich flehte ihn an, er solle an sich selbst denken. Ich versuchte ihm klar zu machen, dass er nur allein eine Chance hätte. Ich werde nie vergessen, wie er sagte: 'Jack, wenn du hier in dem Dschungel umkommst, dann sterbe ich mit dir zusammen.'
Ich habe keine Ahnung, wie er es geschafft hat, aber irgendwie hat er mich Meter für Meter mit zusammengebissenen Zähnen durchgebracht. Er hat mir das Leben gerettet!
Vor etwa einem Jahr hörte ich dann, dass er epileptische Anfälle bekommt und jemanden braucht, der immer bei ihm ist. So habe ich meine Eigentumswohnung in New York aufgelöst, mein Auto verkauft und bin zu ihm gezogen, um für ihn da zu sein. Denn nach allem, was er für mich getan hat, gibt es nichts, was ich nicht für ihn tun würde."

Für den Soldaten war es selbstverständlich, dass er sein ganzes Leben umkrempelt, weil sein Freund, der ihm das Leben gerettet hat, ihn braucht. Jesus hat dir und mir das Leben gerettet. Die Rettung hat ihn noch viel mehr Schmerzen gekostet, als den Soldaten. Jesus hat sich für dich und mich foltern lassen. War von Gott verlassen. Hat die furchtbare Hölle erfahren. Er hat es getan, weil er dich und mich unbeschreiblich liebt. Weil er uns in seinem ewigen Reich haben möchte.
Darum, nach allem, was Jesus für dich getan hat,- sollte es dir noch zu schwer sein, ihm zu vertrauen? Dein ganzes Leben ihm zu geben? Ihm zu gehorchen und ihm zu dienen?
Du bist gesegnet, wenn du das Angebot Jesu annimmst und dir von ihm helfen lässt!

Jesus ist nicht vom Himmel gekommen und hat so große Opfer gebracht, nur um dir auf der Erde das Leben für ein paar Jahre zu versüßen. In den Versen 38-40 sagt Jesus weshalb er vom Himmel gekommen ist:

> „Denn ich bin vom Himmel gekommen, nicht damit ich meinen Willen tue, sondern den Willen dessen, der mich gesandt hat. Das ist aber der Wille dessen, der mich gesandt hat, dass ich nichts verliere von allem, was er mir gegeben hat, sondern dass ich´s auferwecke am Jüngsten Tage. Denn das ist der Wille meines Vaters, dass, wer den Sohn sieht und glaubt an ihn, das ewige Leben habe; und ich werde ihn auferwecken am Jüngsten Tage."

Jesus hat also nichts anderes im Sinn, als nur den **Willen seines Vaters** zu erfüllen. Und der Vater will von Jesus, dass er die Menschen, die sich retten lassen, in das ewige Reich führt!

Weil wir den Willen des Vaters nicht tun, darum tut ihn Jesus für uns. Wir meinen, dass es unser Himmelreich ist, wenn wir unseren eigenen Willen tun. Jesus hat da anders gedacht. Jesus hat gewusst, dass den Willen des Vaters zu tun, in den Himmel führt!

Darum: willst du wirklich glücklich werden, dann opfere deinen Willen Gott. Mach seinen Willen zu deinem Willen. Dann wirst du nicht mehr unzufrieden sein, wenn Gott dich anders führt, als du es dir gewünscht hast. Denn völlig von Jesus abhängig zu sein, ist Freiheit!

Jesus verweist auf den **Jüngsten Tag**. Das ist der Tag, an dem die irdische Geschichte abgeschlossen wird. An dem Tag werden alle Toten auferstehen und vor den Thron Gottes gestellt werden. An dem Tag wird Jesus Gericht halten. Wer Jesus nicht als seinen Retter angenommen hat, wird in das ewige Feuer geworfen werden. Dort, wo es keine Liebe und keinen Frieden gibt. Wo man heulen und mit den Zähnen knirschen wird. Es ist ein schrecklicher Ort, aus dem man nie mehr befreit wird!
Wer sich aber hier, zu seiner Lebzeit von Jesus retten lässt, der wird an den Ort der ewigen Freude kommen. Wo die Liebe zu Hause ist. Wo es nichts Böses und nichts Schreckliches mehr gibt. Dort wird man ewig bei Gott sein und mit den Erlösten ihm dienen. Das wird eine unaussprechliche Erfüllung sein!

Als der große schweizer Theologe Karl Barth schon sehr alt war, hat er einen Vortrag an der theologischen Fakultät von Chicago gehalten. Nach dem Vortrag war er so schwach, dass er nicht mehr im Stande war Fragen aus dem Publikum zu beantworten. Der Moderator hat ihm aber dennoch eine einzige Frage gestellt:
„Welche von allen theologischen Erkenntnissen, sie sie im Laufe ihres Lebens gewonnen haben, war die Wichtigste?"

Karl Barth hat seine Augen geschlossen und hat einen Moment nachgedacht. Dann hat er mit einem Lächeln im Gesicht seine Augen aufgeschlagen und gesagt:
„Die größte theologische Einsicht meines Lebens ist diese: 'Jesus liebt mich, ganz gewiss, denn die Bibel sagt mir dies!'"

Jesus liebt dich sehr, darum lädt er dich zu sich ein. Er verspricht dir, dass du bei ihm für immer satt werden wirst. Alle deine Sehnsüchte wird er dir stillen. Und er verspricht dir, dass du von ihm für immer geliebt sein wirst. Und es gibt nichts, das ihn veranlassen könnte, dich auszustoßen.
Gibt es einen größeren Trost?

Johannes 6,41-59

Jesus will gegessen werden

Es war an einem Sonntag im Gottesdienst. Der Raum war klein und die Luft war verbraucht. Außerdem war es an dem Tag sehr heiß. Dann noch der Prediger der keine besonders kräftige Stimme hatte. So hat eine alte blinde Frau gar nicht gemerkt, dass sie eingeschlafen ist. Ein kleiner Junge hat seine Zeit vertrieben, indem er mit dem Stuhl des Vordermanns gespielt hat. Er hat seine Füße auf die Liederbuchablage gelegt und das Brett ist mit einem lauten Geräusch abgebrochen. Die alte blinde Frau ist davon aufgewacht. Sie hat gemeint, dass sie in ihrer Wohnung ist und ihr Wellensittich etwas Dummes angestellt hat. Darum hat sie gesagt: „Ach Butje, Butje“ (so hat ihr Vogel geheißen). Im selben Augenblick kommt ihr in den Sinn, dass sie im Gottesdienst sitzt. Sie erschrickt so sehr, dass sie einen markerschütternden Schrei los lässt. Alle sind hellwach geworden. Und auch der Prediger war so erschrocken, dass er nach zwei Sätzen die Predigt beendet hat.

Als Christen brauchen wir hin und wieder mal so eine Art Schrei. Etwas, das uns aus dem frommen Fahrwasser aufschreckt. Das uns wieder neu bewusst macht, um was es eigentlich geht.

Dazu dient auch die Rede Jesu, die ich gerade vorgelesen habe. Es ist nur der letzte Teil der Rede. Jesus redet schon länger mit den Juden. Die ganze Zeit über versucht er ihnen klar zu machen, dass es ihm nicht darum geht, unseren Bauch zu füllen. Er kann es zwar. Das hat er gezeigt, indem er mit fünf Broten und zwei Fischen mehr als 5000 Menschen satt gemacht hat. Jesus geht es aber um mehr. Er ist gekommen, um für uns ein geistliches Brot zu sein. Ein Brot, das ewiges Leben gibt!

Aber die Juden verstehen Jesus nicht. Sie kommen aus ihrer gewohnten Denkweise einfach nicht heraus. Darum sagt Jesus den Juden jetzt etwas, das sie erschreckt. Etwas, das jeden wachrütteln muss. Er sagt es auch dir,

1. weil dich der Vater zieht

> Verse 41+42: „Da murrten die Juden über ihn, weil er sagte: Ich bin das Brot, das vom Himmel gekommen ist, und sprachen: Ist dieser nicht Jesus, Josefs Sohn, dessen Vater und Mutter wir kennen? Wieso spricht er dann: Ich bin vom Himmel gekommen?“

Die Juden **murren**. Das heißt, dass sie untereinander abfällig über Jesus reden. Statt dass sie versuchen Jesus zu verstehen, wühlen sie sich gegenseitig auf!

So haben es die Juden schon früher gemacht, als Gott zu ihnen gesprochen hat. Die ganze Geschichte der Juden ist voll von Empörung gegen Gott. So hat es auch Stephanus im Hohen Rat der Juden gesagt Apostelgeschichte 7,51:
„Ihr Halsstarrigen, mit verstockten Herzen und tauben Ohren, ihr widerstrebt allezeit dem Heiligen Geist, wie eure Väter, so auch ihr."

Aber welches Volk macht es besser? Überall, wo Gott eine geistliche Erweckung gegeben hat, haben die Menschen heftig gegen die Prediger und die Bekehrten gewettert. Am allermeisten die kirchlichen Oberhäupter!
Warum ist das so? Jesus gibt darauf eine interessante Antwort, Verse 43+44:

> „Jesus antwortete und sprach zu ihnen: Murrt nicht untereinander. Es kann niemand zu mir kommen, es sei denn, ihn ziehe der Vater, der mich gesandt hat, und ich werde ihn auferwecken am Jüngsten Tage."

Jesus hat gehört, was die Juden untereinander gemurmelt haben. Er ist aber deswegen nicht beleidigt. Er versucht ihnen nicht zu erklären, dass er wirklich vom Himmel gekommen ist. Das hätte nichts gebracht. Sondern er erklärt ihnen ein geistliches Geheimnis. Er sagt, dass nur derjenige zu ihm **kommen kann**, der vom himmlischen **Vater** zu Jesus **gezogen** wird. Der Vater im Himmel zieht uns also zu Jesus. Der Vater macht es möglich, dass wir uns bekehren können. Und dann entscheidet jeder Mensch selbst, ob er sich zu Jesus bekehren will oder nicht!

Kann sich also ein Mensch zu Jesus bekehren, wenn ihn der Vater nicht zu Jesus zieht?
- Nein, das ist unmöglich.

Gibt es überhaupt Menschen, die der Vater nicht zu Jesus zieht?
- Gewiss nicht, denn Gott *„will, dass alle Menschen errettet werden."* (1. Timotheus 2,4)

Der Vater will also alle Menschen zu Jesus ziehen. Das bekräftigt Jesus mit einem Zitat aus der Heiligen Schrift, Vers 45:

> „Es steht geschrieben in den Propheten: 'Sie werden alle von Gott gelehrt sein'. Wer es vom Vater hört und lernt, der kommt zu mir."

So kann man das lesen in Jesaja 54,13. Gott wird **alle lehren**, steht dort. Gott schließt also keinen aus. Gott lehrt, indem er in unserem Inneren wirkt. Er schenkt uns die geistlichen Erkenntnisse. Dadurch wird der Mensch fähig Jesus anzunehmen!

Zu Jesus kommen, ist der erste Schritt. Das ist die Grundbedingung zum Glauben. Davon ist in der Bibel immer wieder die Rede.

- Es geht darum, dass du dich entschließen musst, dein sündiges Leben aufzugeben.
- Dann musst du Jesus bitten, dass er dir alles vergibt, was dich von Gott trennt.
- Dann musst du ihn bitten, dass er dir hilft dein Leben so zu leben, wie es ihm gefällt.

Das ist der wichtigste Schritt in deinem Leben. Nur auf diese Weise bekommst du ein neues Leben!

Es kann sein, dass du bei dem Übergang vom alten zum neuen Leben keine besonderen Gefühle bekommst. Das ist nicht ungewöhnlich. Der Glaube geht mit den Gefühlen nicht immer denselben Weg. Der Glaube ist eine geistliche Realität. Den Geist spüren wir nicht. Glaube und Geist kannst du nur daran erkennen,

- dass du mit Jesus leben willst,
- dich auf Gottes Wort verlässt,
- daran festhältst, dass Jesus dich liebt, für dich sorgt und deine Gebete erhört.

Es ist alles so einfach und schön. Aber der Mensch ist ein Rebell. Jeder Mensch hat eine total verdorbene Natur. Wenn Gott uns anspricht, fallen uns immer erstmal Ausreden ein:

- Das brauch ich nicht!
- So schlimm bin ich nicht!
- Ich will nicht so einseitig sein!
- Das mit dem Glauben funktioniert ja doch nicht!
- So wie ich bin, bin ich glücklich genug!

Und so läuft die Ausredenmaschinerie immer weiter. Bis sich dir Gott in den Weg stellt und dir die Ausreden zur Seite stellt. In dem Moment wirst du im Stande sein zu Jesus zu kommen! Aber Jesus wird dich nicht zwingen. Wenn du trotz allem zu Jesus Nein sagst, wird es gefährlich. Dein Herz kann verhärten, so dass du immer unfähiger wirst zu Jesus zu kommen. Lass es niemals so weit kommen!

Wenn Gott dich erschreckt, weil er sich anders verhält als du möchtest, dann ärgere dich nicht darüber. Gott tut es, weil er dich zu Jesus ziehen will!
Außerdem erschreckt dich Jesus mit seinen Worten aus einem zweiten Grund,

2. weil dir ewiges Leben winkt

Verse 46+47: „Nicht als ob jemand den Vater gesehen hätte außer dem, der von Gott gekommen ist; der hat den Vater gesehen. Wahrlich, wahrlich, ich sage euch: Wer glaubt, der hat das ewige Leben.“

Jesus macht klar, dass kein Mensch Gott mit den Augen **sehen** kann. Nur ein einziger hat Gott gesehen, und das ist Jesus. Das heißt, wenn du etwas über Gott lernen willst, dann musst du zu Jesus gehen!
Visionen und mystische Versenkungen können dir keine wahre Auskunft über Gott geben. Die wahre Gotterkenntnis kann dir nur Jesus geben. Denn nur er ist **von Gott gekommen** und **hat ihn gesehen**!

Jesus versichert, dass jeder, der ihm **glaubt, das ewige Leben hat**. Er hat es jetzt schon, in diesem Leben. Daran gibt es keine Zweifel. Das kann jeder, der zu Jesus gekommen ist, ganz gewiss wissen, weil Jesus es gesagt hat. Der, **der von Gott gekommen ist**!

Eine ältere gläubige Frau, hat sich mal einer Operation unterziehen müssen. Ihre Heilungschancen sind nicht sehr hoch gewesen. Aber sie hat sich operieren lassen und hat die Operation überlebt. Als sie nach der Operation die Augen aufgeschlagen hat, hat sie ganz verschwommen den Arzt im weißen Kittel gesehen und sagt:
„Guten Tag, lieber Gott, ich heiße Mary!“
Ja, so gewiss kann sich jeder Christ sein, dass er nach dem Tod bei Gott sein wird!

Diese Tatsache bekräftigt Jesus noch mit einem Bildwort, Verse 48-50:

> „Ich bin das Brot des Lebens. Eure Väter haben in der Wüste das Manna gegessen und sind gestorben. Dies ist das Brot, das vom Himmel kommt, damit, wer davon isst, nicht sterbe.“

Jesus wiederholt das, was er bereits schon im Vers 35 gesagt hat. Noch einmal macht er den Juden klar, dass sie ihn brauchen, wenn sie ewig bei Gott leben wollen. Sie brauchen ihn, wie das tägliche **Brot**. Denn ohne Brot stirbt man den Hungertod. Und ohne Jesus geht man ewig verloren!

Jesus weist noch auf das **Manna** hin, das die **Väter** in der Wüste gegessen haben. Das Manna hat kein ewiges Leben gegeben. Es hat zwar den Vätern den Bauch gefüllt, aber sie **sind gestorben**. Davor will Jesus bewahren. Er ist das Brot, das den Menschen ewiges Leben gibt!

Aber Jesus sagt auch, dass man ihn **essen** muss. Und das löst bei den Juden jetzt den größten Schock aus. Damit bin ich beim dritten Punkt. Jesus will gegessen werden,

3. weil dir ewige Befriedigung vorschwebt

> Vers 51: „Ich bin das lebendige Brot, das vom Himmel gekommen ist. Wer von diesem Brot isst, der wird leben in Ewigkeit. Und dieses Brot ist mein Fleisch, das ich geben werde für das Leben der Welt."

Diese Aussage, hat damals keiner verstehen können. Erst nach Karfreitag und Ostern wird man diese Aussage verstehen können!

Im Vorwort zum Johannesevangelium heißt es:
„Das Wort ward Fleisch" (Johannes 1,14).
Jesus, das Wort Gottes, ist **Fleisch** geworden. Er ist Mensch geworden wie wir. Ist versucht worden wie wir, hat aber nie eine Sünde getan. Und weil er sein Fleisch nie mit einer Sünde beschmutzt hat, war er im Stande mit seinem Fleisch die Welt von aller Schuld zu erlösen. Darum hat der Vater alle Sünden der Welt auf das unschuldige Fleisch Jesu geladen und hat ihn dafür bestraft. Nämlich mit dem Tod!
Aber weil Jesus nie eine Sünde getan hat, ist er wieder zum Leben auferstanden. Denn wo keine Sünde ist, dort gibt es auch keinen Tod. Aber unsere Sünden, hat Jesus mit seinem Tod bezahlt!
Darum ist jeder, der Jesus seine Sünden abgibt und Jesus in sein Leben aufnimmt, frei von aller Schuld!
Das meint Jesus, wenn er hier ankündigt, dass er sein **Fleisch geben wird**, damit ewiges **Leben** für die **Welt** möglich wird.
So wie es auch Johannes der Täufer gesagt hat, als er auf Jesus verwiesen hat Johannes 1,29:
„Siehe, das ist Gottes Lamm, das der Welt Sünde trägt!"
So erklärt es auch der Apostel Paulus in 1. Korinther 15,21+22:
„Denn da durch einen Menschen der Tod gekommen ist, so kommt auch durch einen Menschen die Auferstehung der Toten. Denn wie sie in Adam alle sterben, so werden sie in Christus alle lebendig gemacht werden."
Oder mit anderen Worten 2. Korinther 5,21:
Gott *„hat den, der von keiner Sünde wusste, für uns zur Sünde gemacht, damit wir in ihm die Gerechtigkeit würden, die vor Gott gilt."*
Jesus kündigt in unserem Text also seinen stellvertretenden Sühnetod am Kreuz an.
Aber das haben die Juden damals unmöglich verstehen können. Darum gehen ihre Gemüter hoch, Vers 52:

> „Da stritten die Juden untereinander und sagten: Wie kann der uns sein Fleisch zu essen geben?"

Weil sich die Juden über das, was Jesus gesagt hat **streiten**, kann man schlussfolgern, dass einige Juden die Worte Jesu wörtlich genommen haben und andere nicht. Die Juden, die bisher Jesus bewusst abgelehnt

haben, haben jetzt einen Grund sich von Jesus abzuwenden. Sie können sagen: „Ich will kein Kannibale werden“!
Die anderen werden weiter interessiert Jesus zuhören und ihn zu verstehen versuchen. Denn sie hören heraus, dass Jesus das mit dem **Fleisch essen**, niemals im wörtlichen Sinne gemeint haben kann!
So ist das Wort Gottes bis heute. Es bewirkt eine Scheidung. Gottes Wort fordert von uns entweder Zustimmung oder Ablehnung!

Darum nimmt Jesus von seinen Worten nichts zurück. Nein, er spricht jetzt noch radikaler, Verse 53-58:

> „Jesus sprach zu ihnen: Wahrlich, wahrlich, ich sage euch: Wenn ihr nicht das Fleisch des Menschensohns esst und sein Blut trinkt, so habt ihr kein Leben in euch. Wer mein Fleisch isst und mein Blut trinkt, der hat das ewige Leben, und ich werde ihn am Jüngsten Tag auferwecken. Denn mein Fleisch ist die wahre Speise, und mein Blut ist der wahre Trank. Wer mein Fleisch isst und mein Blut trinkt, der bleibt in mir und ich in ihm. Wie mich der lebendige Vater gesandt hat und ich lebe um des Vaters willen, so wird auch, wer mich isst, leben um meinetwillen. Dies ist das Brot, das vom Himmel gekommen ist. Es ist nicht wie bei den Väter, die gegessen haben und gestorben sind. Wer dies Brot isst, der wird leben in Ewigkeit.“

Kein Wunder, dass die Juden Jesus verachten und ablehnen, wenn er so was sagt. Denn jeder Jude hat es verabscheut Blut zu trinken. Gott hat das ausdrücklich verboten und sein Gericht darüber verhängt 3. Mose 17,10:
„Wer vom Haus Israel oder von den Fremdlingen unter euch irgendwelches Blut isst, gegen den will ich mein Antlitz kehren und will ihn aus seinem Volk ausrotten.“
Wer aber Jesus ohne Vorurteile begegnet, dem ist sofort klar, dass man das, was Jesus hier sagt, im übertragenen Sinn verstehen muss. In der Heiligen Schrift ist nämlich auch davon die Rede, dass man Glaubensaussagen essen soll. In Sprüche 9,5 spricht die Weisheit zur Torheit:
„Kommt, esst von meinem Brot und trinkt von meinem Wein, den ich gemischt habe!“
In Jesaja 55,1 ruft Gott:
„Wohlan, alle, die ihr durstig seid, kommt her zum Wasser! Und die ihr kein Geld habt, kommt her, kauft und esst!“
Niemand würde solche Verse wörtlich nehmen. Jedem ist klar, dass es sich hier um Bildworte handelt, die man deuten muss!
Wenn dir einer sagt: „Ich hab das ganze Buch verschlungen“, - sagst du ihn dann: „Und wie hat es geschmeckt?“ Gewiss nicht, denn dir ist sofort klar, was er dir sagen will. Er will dir sagen, dass er das Buch mit großem Interesse gelesen hat!
So ist es auch hier bei Jesus der Fall. Jesus will sagen, dass jeder die

Erlösung persönlich annehmen muss. Was Jesus mit seinem **Fleisch** und **Blut** am Kreuz bewirken wird, das muss jeder Mensch persönlich für sich in Anspruch nehmen. Das will Jesus den Juden mit dem **Essen** und **Trinken** sagen!

Es ist auch ein großes Missverständnis, wenn man meint, dass man beim Abendmahl das Fleisch Jesu isst und das Blut Jesu trinkt. Wenn das so wäre, dann würde das Abendmahl jedem, der daran teilnimmt, ewiges Leben geben. Und wer am Abendmahl nicht teilnimmt, der bekommt das ewige Leben nicht. Der Mensch würde also das Heil mit dem Abendmahl annehmen oder ablehnen. Das würde gegen alles sprechen, was wir sonst in der Bibel lesen, wie man sich das Heil aneignet. Das Heil bekommt man immer nur durch den Glauben.
Römer 3,28: *„So halten wir nun dafür, dass der Mensch gerecht wird ohne des Gesetzes Werke, allein durch den Glauben."*
Epheser 2,8: *„Aus Gnade seid ihr selig geworden durch Glauben, und das nicht aus euch: Gottes Gabe ist es."*
Wer glaubt, dass Jesus für seine Sünden am Kreuz gestorben ist und Jesus als seinen Erlöser annimmt, **der wird leben in Ewigkeit**. Der hat **das Fleisch Jesu gegessen** und **sein Blut getrunken**!

Genau das wird dir beim Abendmahl vor Augen gehalten. Da wird dir das, was du im Glauben angenommen hast veranschaulicht. Das Brot verweist auf das Fleisch Jesu, das stellvertretend für dich am Kreuz gelitten hat. Es wurde in den Tod gegeben, damit du nicht den ewigen Tod in der Hölle erleiden musst. Der Wein oder der Saft verweist auf das Blut, das Jesus am Kreuz vergossen hat, damit dir deine Sünden vergeben werden. Und so wahr, wie du diese Gaben in dich aufnimmst, isst und trinkst, so wahr gilt das alles für dich!

Wer bereits schon mit Jesus lebt, der isst sein Fleisch und trinkt sein Blut dann auf eine andere Weise.

- Du lebst in einer engen Beziehung mit Jesus.
- Sprichst mit Jesus im Gebet.
- Bittest ihn um Kraft, damit du seinen Willen tun kannst.
- Nimmst das Wort der Bibel in dich auf.
- Willst immer mehr von Jesus abhängig sein.

Das geht bis zum Abruf aus dieser Welt. Du wirst zwar dennoch den irdischen Tod sterben, aber Jesus wird dich **auferwecken am Jüngsten Tag**. Das sagt Jesus vier Mal in dieser Predigt Verse 39; 40; 44; 54!

Das ist der Grund, weshalb Jesus uns Menschen erlösen will. Weil uns am Ende der Zeit das große Gericht Gottes erwartet. Bei diesem Gericht wird jeder Mensch, bei dem Sünde gefunden wird, ewig verdammt werden. Ewig

von Gottes Liebe getrennt werden, an einem furchtbaren Ort!
Wenn du aber jetzt, in dieser Zeit, Jesus deine Schuld abgibst und Jesus in dein Leben aufnimmst, dann kommst du nicht in dieses Gericht, sondern du wirst zum ewigen Leben auferstehen. Du wirst ewig dort sein, wo Gott ist. In seiner ewigen Liebe und Freude!

Ein Kind ist mal gefragt worden, was denn der Jüngste Tag ist. Das Kind hat gesagt: „Es ist der Tag an dem alle wieder jung werden!“
Eine großartige Antwort. Wenn Jesus dich **am Jüngsten Tag auferwecken** wird, wirst du einen neuen Leib bekommen. Einen Leib, an dem es keine Spur vom Alter mehr geben wird. Du wirst für immer jung, frisch und dynamisch sein. Und genau deswegen hat Jesus sein Fleisch und Blut für dich gegeben!

Vers 59: „Das sagte er in der Synagoge, als er in Kapernaum lehrte.“

Jesus hat die Rede am See Genezareth angefangen. Und jetzt erfahren wir, dass Jesus sie **in der Synagoge in Kapernaum** beendet hat. Jesus muss also seine Rede abgebrochen und in der Synagoge fortgesetzt haben. An welcher Stelle der Übergang war, wissen wir nicht.

Wichtig ist jetzt nur, wie die Zuhörer reagieren werden. Lassen sie die Rollläden runter und wenden sich von Jesus ab? Oder lassen sie die Worte Jesu in sich wirken und beobachten ihn weiter?
Hoffentlich trifft das Zweite auf dich zu. Hoffentlich ärgerst du dich nicht über Jesus, wenn er dich mal erschrickt. Lass dich ruhig von Jesus erschrecken! Bleib dran und frag ihn, was er dir damit sagen will! Denn Jesus schockiert dich nur deswegen,

- weil dich der Vater zieht,
- weil dir das ewige Leben winkt
- und weil dich ewige Befriedigung erwartet.

Darum will Jesus von dir gegessen werden!

Johannes 6,60-71

Es gibt keine AfC (Alternative für Christus)

Julie Hausmann war überglücklich. Sie war mit einem Missionar verlobt. Und jetzt war sie mit dem Schiff unterwegs, der sie zu ihm auf die Missionsstation bringen sollte. Den Tag ihrer Hochzeit hat sie kaum erwarten können. Als das Schiff am Hafen angekommen war, hat sie ein Freund ihres Bräutigams abgeholt. Der Freund ist mit ihr zu dem kleinen Friedhof der Missionsstation gegangen. Dabei hat er ihr behutsam erklärt, dass ihr Verlobter vor wenigen Tagen zu Grabe getragen worden ist. Für die junge Frau ist eine Welt zusammengebrochen. Sie hat sich in einem Zimmer der Missionsstation eingeschlossen und hat Tag und Nacht geweint und zu Gott geschrien. Drei Tage und drei Nächte. Dann hat sie ein Lied gedichtet. Das Lied ist sehr bekannt geworden. Es heißt: „So nimm denn meine Hände."

Julie Hausmann ist bis zu ihrem Lebensende ledig geblieben. Sie hat noch viele weitere christliche Lieder und Gedichte verfasst und auch ein dickes Andachtsbuch.

Obwohl Jesus ihren Lebensplan umgeworfen hat, ist sie ihm bis zum Schluss treu geblieben. Denn sie war völlig überzeugt, dass es keine Alternative für Christus gibt. Sie hat gewusst, dass es nichts in dieser Welt gibt, das ihr mehr Liebe, mehr Trost, mehr Geborgenheit und mehr Hoffnung geben könnte, als Jesus. Ohne ihn wollte sie keinen Schritt gehen. Selbst dann nicht, wenn sie von seiner Macht nichts fühlt. Für sie war es keine Frage, dass Jesus sie an sein gutes Ziel führt, auch wenn es durch manche dunkle Nacht geht!

Fällt dir vielleicht eine Alternative für Jesus Christus ein?

Leider meinen viele, dass sie in den Religionen oder in der Esoterik eine gute Alternative finden.

Neulich habe ich von Chiara Cannizzaro gelesen. Sie ist 23 Jahre alt und lebt in der Stadt Siegen. Ihr Vater sitzt im Gefängnis. Ihre Mutter ist vom christlichen Glauben enttäuscht. Chiara hat sich der Esoterik geöffnet und hat allerlei okkulte Praktiken getrieben. Sie hat gemeint, dass sie in die Zukunft schauen kann. Aber zugleich hat sie Angst- und Panikattacken bekommen.

Ihre Lage hat sich geändert, als sie in die Jugendstunde einer Brüdergemeinde eingeladen wurde. Sie hat nicht verstanden, warum die Jugendlichen so viel von Jesus reden. Ein Mitarbeiter hat ihr vorgeschlagen, einfach mal zu Jesus zu beten. Und sie hat gebetet:

„Gott, ich habe keine Ahnung, ob es diesen Jesus gibt. Ich habe keine Ahnung, ob du Jesus bist, aber wenn es dich gibt, dann bitte zeige dich mir."

Und ihr Gebet ist gleich am nächsten Tag erhört worden. In ihrer Schule hat der Direktor eine Durchsage gegeben: Wer eine Bibel haben will, soll ins Forum kommen. Dort hat ein Ehepaar von den Gideons erzählt, wie sie Jesus kennengelernt haben. Dann haben sie Neue Testamente weiter gegeben. Als Chiara vor dem Ehepaar gestanden war, hat sie zu weinen angefangen. Sie hat auf einmal verstanden, dass Jesus ihr bis in die Schule gefolgt ist. An dem Tag hat sie Jesus ihr Leben übergeben. Seit dem weiß sie, dass sie ein Kind Gottes ist und der Teufel keine Macht über sie hat.
Die Chiara hat das erfahren, was vor ihr die Julie Hausmann erfahren hat. Es ist das, was unzählig viele Menschen täglich erfahren:

- dass Jesus wirklich lebt,
- Gebete erhört,
- in jeder Not hilft,
- stärker ist als alle Macht des Bösen
- und dass er Sinn und Hoffnung gibt.

Das erfährt nur der, der sich Jesus überlässt. Und ihm erlaubt alles zu machen, was er für richtig hält!

Vor unserem Predigttext hat Jesus eine Rede gehalten, die die Zuhörer nicht verstanden haben. Jesus hat sie aufgefordert sein Fleisch zu essen und sein Blut zu trinken. Und er hat erklärt, dass wenn sie es nicht tun, dann haben sie kein ewiges Leben!
Die Zuhörer haben ihn nicht gefragt wie er das meint, sondern haben gleich mit Empörung reagiert, Vers 60:

> „Viele nun seiner Jünger, die das hörten, sprachen: Das ist eine harte Rede; wer kann sie hören?“

Es sind also die **Jünger** Jesu, die so empört reagieren. Und das nicht nur ein paar Wenige, sondern **viele.** Für sie ist es unerträglich, was Jesus da von sich gegeben hat. Sie empfinden seine Worte als **hart**. Sie sind also schwer verdaulich. Es tut ihnen weh, wenn sie so was hören. Warum?

- Weil sie es nicht hören wollen.
- Sie wollen nicht, dass Jesus Dinge sagt, die ihnen nicht gefallen!

Dabei sollte doch ein Nachfolger Jesu bereit sein zu lernen. Ein Nachfolger Jesu möchte doch immer mehr das erfassen, was Jesus wirklich meint!

Aber, was soll man machen, wenn Jesus Sachen macht, die weh tun?
Dann mach es so, wie die Julie Hausmann es gemacht hat:

- Strecke deine Hände Jesu entgegen,
- glaube blind
- und lass dich von ihm weiter führen.

Auf diese Weise wird sich dir die Weisheit Gottes erschließen!
Wenn du es nicht so machst, dann lernst du von Jesus nichts dazu und

bleibst auf deinem eigenen Weg. Aber es ist nicht der Weg, den Gott für dich vorgesehen hat. Es ist nicht der Weg, der Frucht bringt!

Es gibt keine AfC. Es gibt keine Alternative für Christus. Aus zwei Gründen:

1. Weil nur Christus den Heiligen Geist gibt

> Verse 61+62: „Da Jesus bei sich selbst merkte, dass seine Jünger darüber murrten, sprach er zu ihnen: Ärgert euch das? Wie, wenn ihr nun sehen werdet den Menschensohn auffahren dahin, wo er zuvor war?“

Jesus hat gemerkt, **dass seine Jünger** wegen seiner Rede verstimmt sind. Sie **ärgern** sich, dass Jesus so was Furchtbares sagt. Man muss sein Fleisch essen und sein Blut trinken, um das ewige Leben zu bekommen. So eine Botschaft ist wirklich nicht attraktiv. Dafür können sie doch keine Werbung machen!

Aber Jesus weicht nicht von dem ab, was er gesagt hat. Er macht keine Kompromisse, um seine Jünger zu halten. Er sagt ihnen nur, dass sie in Zukunft noch Vieles erfahren werden, das sie nicht verstehen. Z.B. werden sie sich wundern, wenn er in dem Himmel **auffahren** wird. Das wird erst recht eine Zumutung für ihren Verstand und ihre Gefühle sein. Wie werden sie sich dann verhalten?

Bis heute ärgern sich die Christen, wenn ihnen ihre liebgewordenen Ansichten infrage gestellt werden. Es gibt z.B. Leute, die überzeugt sind, dass Gott die Liebe ist. Und dann lesen sie in der Bibel von kriegerischen Eroberungen, die Gott angeordnet hat. Oder dass Jesus die Welt richten wird. Dass die allermeisten Menschen in die Hölle kommen werden. Das wollen sie nicht hören. Und sie gewöhnen sich an, über solche Verse drüber weg zu lesen. Und wenn darüber gepredigt wird, dann schalten sie innerlich ab und stellen auf Durchzug.
Aber dann kommt einer und zeigt ihnen Verse, dass wer aus der Bibel etwas wegnimmt, dem wird auch sein Teil im Himmel weggenommen werden. Oh, dann kann man wütende Reaktionen erleben. Warum?

- Weil diese Menschen die Wahrheit nicht hören wollen.
- Sie wollen nicht, dass es so ist, wie es in der Bibel steht!

Viele Christen reagieren auch sehr empfindlich wenn ihre liebgewordenen Traditionen angetastet werden:

- wenn das Liedgut sich ändert,
- die Stühle umgestellt werden,
- neue Instrumente eingesetzt werden,

- der Gottesdienstablauf anders wird ...

Dann versucht man geistliche Argumente anzuführen, warum man es nicht ändern darf. Bald merkt man, dass die Argumente nicht greifen. Die Folge ist: wütende Reaktionen!

Ich bin wirklich nicht der Meinung, dass man in der Gemeinde Jesu alles dulden muss. In der Bibel sind uns ganz klare Ordnungen und auch Grenzen gesetzt. Die müssen unverändert bleiben. Aber es gibt Traditionen und Meinungen, die sich nicht von der Bibel ableiten lassen. Auch die sind gut und wichtig, um der Ordnung willen. Aber es sind Punkte, die hinterfragbar bleiben müssen. In diesen Punkten müssen wir veränderungsbereit sein, sonst erzeugen wir unnötigerweise Ärger und Spaltungen.
Jesus passt sich niemals unseren Vorstellungen und Traditionen an. Er wird niemals das Bild bestätigen, das wir uns von ihm und seinem Reich gemacht haben!

Wie bekommen wir aber das richtige Verständnis für Jesus uns sein Reich? Wie kann ich unterscheiden, was unveränderbar bleiben muss und was flexibel ist?
Jesus gibt darauf eine interessante Antwort im Vers 63:

> „Der Geist ist´s, der lebendig macht; das Fleisch ist nichts nütze. Die Worte, die ich zu euch geredet habe, die sind Geist und sind Leben."

Jesus sagt hier, dass der Heilige **Geist lebendig macht**. Er gibt uns das richtige geistliche Verständnis. Er macht es möglich, dass wir die Wahrheit glauben können. Er gibt uns das ewige, göttliche Leben. **Das Fleisch ist** dafür **nichts nütze**. Mit dem Fleisch meint Jesus das Menschliche. Das, was der Mensch aus eigener Kraft hervorbringt.
Das heißt, dass kein Mensch durch eigene Überlegungen darauf kommen kann, was Gott will und was nicht. Kein Mensch kann mit seinem Verstand begreifen, was im Glauben wesentlich und was nebensächlich ist. Unsere eigenen Möglichkeiten werden uns immer ein falsches Gottesbild vermitteln. Wenn es um die Dinge Gottes geht, braucht jeder Mensch den Heiligen Geist. Nur er kann uns so führen und leiten, wie Gott es will!

Wer meint, dass er durchs Theologiestudium oder eine Bibelschule verstehen wird, wer Gott ist und was er will, der irrt sich gewaltig. Jesus hat klipp und klar gesagt Johannes 3,5+6:
„Es sei denn, dass jemand geboren werde aus Wasser und Geist, so kann er nicht in das Reich Gottes kommen. Was vom Fleisch geboren ist, das ist Fleisch; und was vom Geist geboren ist, das ist Geist."
Jeder Mensch muss also eine geheimnisvolle Wiedergeburt aus Wasser und Geist erfahren. Das Wasser steht für die Reinigung. Für die Buße. Jeder

Mensch muss also einsehen, dass er ein Sünder ist und deswegen keinen Zugang zu Gott hat. Aber die Tür zu Gott öffnet sich in dem Moment, wenn man seine Sünden Jesus bekennt und ihn um Vergebung bittet. In dem Moment wird man von allen Sünden reingewaschen. Und zugleich bekommt man den Heiligen Geist. So ein Mensch wird sofort zu einem neuen Leben wiedergeboren. Und der Heilige Geist übernimmt die Herrschaft im Leben.
So wird man immer mehr begreifen, was Gott will und was er nicht will. Und auch die Bibel wird man immer mehr so verstehen, wie Gott sie verstanden haben will. Darum sagt Jesus, dass der Heilige **Geist lebendig macht**. Und seine **Worte sind Geist und sind Leben**. Der Heilige Geist und die Worte Jesu führen also zum ewigen Leben. Wer den Heiligen Geist nicht hat und Jesu Worte nicht annimmt, der hat kein ewiges Leben. Der hat keine Gemeinschaft mit Gott und wird ewig von Gott getrennt sein!

Der geistliche Mensch ärgert sich darum nicht an dem, was Jesus sagt, sondern er nimmt es auf. Und irgendwann wird er verstehen, dass er das Fleisch Jesu isst und sein Blut trinkt, wenn er das Heil annimmt, das Jesus für ihm an Kreuz vollbracht hat. Mit essen und trinken meint Jesus: persönlich in sich aufnehmen!

Wer aber Jesus nicht vorbehaltlos aufnimmt, der versteht das nicht. Über diese Menschen sagt Jesus wehmütig, Verse 64+65:

> „Aber es gibt einige unter euch, die glauben nicht. Denn Jesus wusste von Anfang an, wer die waren, die nicht glaubten, und wer ihn verraten würde. Und er sprach: Darum habe ich euch gesagt: Niemand kann zu mir kommen, es sei ihm denn vom Vater gegeben."

Dieses ernste Wort Jesu führt jeden zu der Frage:
- „Herr, bin ich´s?
- Gehöre ich zu den Gläubigen oder zu den Ungläubigen?"

Alles entscheidet sich daran, ob ich die Worte Jesu annehme oder nicht. Du kannst den Menschen viel vormachen. Aber Jesus machst du nichts vor. Er weiß, wer hier sitzt und **nicht glaubt**. Er weiß auch, wer die Nachfolger Jesu eines Tages **verraten** wird!

Und Jesus erklärt zum wiederholten Mal, dass zu ihm nur derjenige **kommen** kann, dem es der himmlische **Vater** ermöglicht. Wenn also jemand an Jesus nicht glaubt, dann liegt es entweder daran, dass ihn der Vater noch nicht erleuchtet hat. Oder es liegt daran, dass er zu Jesus nicht kommen will. Auf jeden Fall wird niemand sagen können, dass der Vater schuld ist, dass er nicht zu Jesus gekommen ist. Denn der Vater will, dass alle durch Jesus gerettet werden!

Es gibt keine AfC. Es gibt keine Alternative für Christus. Weil nur Christus den Heiligen Geist gibt.
Und die zweite Begründung lautet:

2. Weil nur Christus das ewige Leben gibt

> Vers 66: „Von da an wandten sich viele seiner Jünger ab und gingen hinfort nicht mehr mit ihm."

Und Jesus hat sie gehen lassen. Sie haben sich entschieden und Jesus lässt ihnen ihre Entscheidung. Jesus ist nicht darauf aus, viele Anhänger zu gewinnen. Jesus braucht keine Statisten. Jesus will nur wahre und echte Nachfolger haben. Und dazu sind nun mal nur Wenige bereit!

Was damals passiert ist, das passiert bis heute in unseren Gemeinden. Immer wieder verlassen uns Menschen und führen verschiedene Gründe an:

- weil der Pastor falsch predigt,
- weil die Gemeindeleitung taktlos ist,
- weil die Gemeindeglieder unsensibel sind,
- weil der Bruder so und so das und jenes getan hat ...

Werden die Gründe auch standhalten, wenn diese Menschen mal vor dem Richterthron Gottes stehen? Wird Jesus mit Verständnis darauf reagieren? Schau mal: Jesus hat gewiss nicht falsch gepredigt. Er war sicher nicht taktlos. Und unsensibel war er bestimmt auch nicht. Dennoch haben sich **viele seiner Jünger von ihm abgewandt**. Sie haben Gründe gehabt, die menschlich zu verstehen sind. Doch werden diese Gründe auch im Gericht Gottes bestehen können?

- Gewiss nicht!

> Vers 67: „Da fragte Jesus die Zwölf: Wollt ihr auch weggehen?"

Jesus wendet sich seinem engsten Kreis zu. Den **Zwölf** Jüngern, die er speziell in seine Nachfolge berufen hat. Auch ihnen gibt er die Freiheit zu gehen.

> Verse 68+69: „Da antwortete ihm Simon Petrus: Herr, wohin sollen wir gehen? Du hast Worte des ewigen Lebens; und wir haben geglaubt und erkannt: Du bist der Heilige Gottes."

Was **Simon Petrus** hier sagt, das sagt er im Namen aller 12 Jünger. Er sagt **„wir"**. Sie alle haben die Rede Jesu auch noch nicht verstanden. Sie wissen nicht, was Jesus damit meint, dass man sein Fleisch essen muss und sein Blut trinken muss. Sie wissen nur das eine: Jesus gibt **ewiges Leben**.

Das reicht, um weiter von ihm zu lernen!

Jesus bleibt für sie der **Herr**. Der, der das Sagen hat. Dem sie gern gehorchen und dem sie gern dienen!

Wohin sollen sie gehen?
Petrus hätte wieder in sein Fischereibetrieb zurückgehen können. Damit hätte er eine gute Beschäftigung, mit einem guten Einkommen. Und eines Tages könnte er sein Betrieb seinen Söhnen vererben. Das klingt doch gut. Aber Petrus hat begriffen, dass er einem nachfolgt, der mehr gibt, als ein sinnvolles Leben auf Erden. Er folgt dem nach, der **Worte** verbreitet, die **ewiges Leben** geben. Das ewige Leben übertrifft bei Weitem alles, was das irdische Leben an Schönem zu bieten hat. Was kann schöner sein, als mit dem Gott der Liebe ewig zu leben?

Petrus hat mitsamt den Jüngern **geglaubt und erkannt**. Ihr merkt die Reihenfolge: Zuerst kommt der Glaube und dann folgt die Erkenntnis!

Nämlich, dass Jesus **der Heilige Gottes** ist. Das ist eine Bezeichnung für den Messias. Für den Erlöser, den Gott versprochen hat, am Ende der Zeit uns zu senden.
Diese Erkenntnis hat Petrus nicht von sich aus, sondern der Vater im Himmel hat ihm diese Erkenntnis gegeben. So sagt es Jesus in Matthäus 16,17:
„Fleisch und Blut haben dir das nicht offenbart, sondern mein Vater im Himmel.“
So ist es bis heute: Wer glauben kann, dass Jesus der von Gott versprochene Retter der Welt ist, der ist vom himmlischen Vater erleuchtet. Der hat das erfasst, was kein Mensch durchs Studium erfassen kann!

Doch leider muss Jesus feststellen, dass auch in dem kleinsten Kreis der Jünger, einer dabei ist, der nur mitläuft, Verse 70+71:

> „Jesus antwortete ihnen: Habe ich nicht euch Zwölf erwählt? Und einer von euch ist ein Teufel. Er redete aber von Judas, dem Sohn des Simon Iskariot. Der verriet ihn hernach und war einer der Zwölf.“

Jesus sagt es, damit sich keiner von ihnen überhebt. Sie sollen wissen, dass sie ihr Vertrauen nicht auf sich selbst setzen dürfen!

Jesus hat die **Zwölf erwählt**, damit sie ihm nachfolgen. Sie sollten von ihm lernen. Aber damit war noch keiner von ihnen gerettet. Sie hatten ständig die Freiheit, sich wieder von Jesus abzuwenden. Und von diesem Angebot wird **Judas Iskariot** tatsächlich Gebrauch machen. Er wird sich heimlich für Geld und Verrat entscheiden. Und so wird er unter den

Einfluss des **Teufels** geraten.

Das hat Jesus immer gewusst. Dennoch hat er den Judas in seiner Mitte geduldet und geliebt. Schließlich hat ihm Jesus sogar noch die Füße gewaschen. Dennoch ist Judas bewusst seinen eigenen Weg weiter gegangen. Bis es ein ganz schlimmes Ende mit ihm genommen hat!
Judas soll der Gemeinde Jesu als ein warnendes Beispiel dienen. Jeder soll wissen, dass Furchtbares folgen wird, wenn man sich für Jesus entscheidet und ihm später wieder bewusst absagt!

Nein, eine AfC gibt es nicht. Weil nur Christus den Heiligen Geist gibt. Und weil nur Christus das ewige Leben gibt!

Ich möchte schließen mit einem Erlebnis vom Pfarrer Alexander Garth. Er hat einen Freund, dem seine Frau gestorben ist. Sie war eine strahlende Christin und eine Zeugin der guten Botschaft. Und dann war sie von jetzt auf nachher weg. Zwei Kinder im Schulalter haben ihre Mutter verloren. Der Freund war verzweifelt und gebrochen. Er ist zum Alexander Garth gegangen und die beiden haben nur geweint. Sie haben beide Gott nicht verstanden. Warum lässt Gott so was zu? Ist Gott vertrauenswürdig? Kann man nach so einem schweren Schlag überhaupt noch gläubig bleiben?
Und dann haben sie gemeinsam die Frage durchgespielt: Wie könnte es weitergehen, wenn er seinen Glauben an Jesus aufgibt, ohne Jesus weiterlebt und ohne Gemeinde bleibt. Sie haben die Szenarien eines atheistischen Lebens durchgespielt. Schließlich hat sein Freund das Fazit gezogen:
„Es gibt keine Alternative. Egal, was passiert, ohne Jesus ist alles noch viel schlimmer. Ohne Glauben gibt es überhaupt keinen Sinn und kein Ziel."
Alexander Garth sagt weiter: „Ich habe noch keinen Menschen getroffen, der eine sinnstiftende, Freude freisetzende, das Herz erwärmende Alternative hat. Jesus ist das Beste, was mir je passiert ist. Meine atheistischen Freunde sagen manchmal zu mir: 'Du hast es gut. Du kannst glauben!'"

Johannes 7,1-13

Überrascht von Gott

Schiffe haben eine wunderschöne Bestimmung. Sie sind gebaut um auf dem Wasser zu fahren, Menschen und Frachten zu befördern, Meere zu durchqueren und Häfen anzulaufen. Aber von Zeit zu Zeit wird ein Schiff aus seiner Bestimmung herausgenommen und in ein Trockendock gebracht. Dort wird es untersucht, kleine Schäden werden ausgebessert und es wird neu angestrichen. Das Schiff wird auf diese Weise fahrtüchtig gemacht.

Auch wir Menschen haben eine wunderschöne Bestimmung. Wir sind gemacht um Gottes Willen zu tun. Jeder an seinem Platz, mit den Gaben und Möglichkeiten, die Gott ihm gegeben hat. Alles, was wir tun, soll Gott Freude bereiten!
Aber es gibt immer mal wieder Zeiten, in denen uns Gott aus dem Betrieb herausnimmt. Es kommen Zwischenfälle im Leben, die unsere Kraft und Dynamik lahm legen. Wo nichts vorwärts geht, sich einfach nichts tut und wo alles klemmt. Das können die Zeiten sein, in denen uns Gott in sein Trockendock bringt. Er will uns reparieren und ausbessern:

- ausruhen lassen,
- Sorgen verarbeiten lassen,
- Sünden aufzeigen und heilen,
- von falschen Einflüssen befreien
- und neu inspirieren.

Irgendwann setzt er uns dann wieder neu in Fahrt. Diese Dienste Gottes sind nötig, damit unser Leben nicht kaputt geht. Diese Zeiten müssen wir uns unbedingt gefallen lassen!

Aber wann ist diese Zeit dran? Darüber verfügen wir nicht. Da überrascht uns Gott. Oft mit einer Logik, die wir nicht verstehen.

1. Überrascht von Gottes Logik

> Verse 1+2: „Danach zog Jesus umher in Galiläa; denn er wollte nicht in Judäa umherziehen, weil ihm die Juden nach dem Leben trachteten. Es war aber nahe das Laubhüttenfest der Juden."

Die jüdischen Führer haben also nach einer Gelegenheit gesucht, um Jesus zu töten. Darum hat sich Jesus innerhalb von **Galiläa** bewegt. Denn in Galiläa war es für ihn nicht so gefährlich wie in **Judäa**. In Judäa, in Jerusalem, haben **die Juden** ihren Sitz gehabt, die sowohl religiös als auch politisch das Sagen gehabt haben. Und sie haben Jesus gehasst. So sehr, dass sie ihm sogar **nach dem Leben getrachtet** haben. Diesen Mördern ist Jesus aus dem Weg gegangen. Jesus hat nicht gesagt: „Ich steh in meines Vaters Hand, darum wird er dafür sorgen, dass mich die jüdischen Führer nicht töten. Ich kann machen, was ich will." Nein, Jesus hat sich nie leichtfertig in Gefahr begeben!

Das ist wichtig für uns. Denn seit wir uns zu Jesus bekehrt haben, stehen wir unter Gottes besonderem Schutz. Aber dieses Wissen darf uns niemals dazu verleiten, dass wir uns leichtsinnig verhalten.

- Wer sich eine riskante Fahrweise mit dem Auto oder Motorrad angewöhnt, der wird nicht alt werden.
- Wer sportlich gern über seine Grenzen geht, der wird gesundheitliche Schäden davon tragen.
- Wer mit seiner Freundin körperlich an die Grenzen geht, der wird sie überschreiten.
- Wer meint, dass er Gottes Gebote überschreiten kann, weil ihm Jesus sowieso alles vergeben wird, den wird der Teufel verderben.

Jesus hat uns etwas anderes vorgelebt. Weil er gewusst hat, dass er in der Hand seines himmlischen Vaters steht, hat er umso mehr darauf geachtet, dass er das tut, was sein Vater will. Und er hat alles gemieden, was der Vater nicht gewollt hat!

So hat Jesus auch gewusst, dass sein Vater geplant hat, dass er in Jerusalem sterben soll. Und er hat zugleich auch gewusst, dass er nicht am **Laubhüttenfest**, sondern am Passafest sterben soll. Darum hat er sich vorgenommen, nicht zum Laubhüttenfest nach Jerusalem zu gehen!

Dabei war das Laubhüttenfest eines der drei jüdischen Feste, zu denen jeder männliche Jude verpflichtet war nach Jerusalem zu pilgern. So schreibt es das Gesetz Moses vor 5. Mose 16,16:
„Dreimal im Jahr soll alles, was männlich ist in deiner Mitte, vor dem HERRN, deinem Gott, erscheinen, an der Stätte, die der HERR erwählen wird: zum Fest der ungesäuerten Brote, zum Wochenfest und zum Laubhüttenfest."
Jesus hat aber kein grünes Licht vom Vater bekommen, zum Laubhüttenfest zu gehen. Darum war ihm klar, dass er in Galiläa bleiben soll!

Und gerade in diesem Jahr haben ihm seine Brüder eine interessante Idee vorgelegt, Verse 3+4:

> „Da sprachen seine Brüder zu ihm: Mach dich auf von hier und geh nach Judäa, damit auch deine Jünger die Werke sehen, die du tust. Niemand tut etwas im Verborgenen und will doch öffentlich etwas

gelten. Willst du das, so offenbare dich vor der Welt."

Jesus hat vier **Brüder** und einige Schwestern gehabt. Die Namen der Brüder kann man in Matthäus 13,55 nachlesen:
„Heißt nicht seine Mutter Maria? Und seine Brüder Jakobus und Josef und Simon und Judas? Und seine Schwestern, sind sie nicht alle bei uns?"
Diese vier Brüder wollen also, dass Jesus zum Laubhüttenfest nach Jerusalem in **Judäa** geht. Warum soll er das tun?

- Damit die **Jünger** Jesu, die in Judäa wohnen, seine **Werke sehen**.
- Und damit er sich **vor der Welt** als der verheißene Messias **offenbart**.

Die Brüder argumentieren ganz logisch. Denn wenn Jesus wirklich der verheißene Messias ist, dann muss er es öffentlich in Jerusalem kundtun. Schließlich ist Jerusalem die religiöse Zentrale. Die Juden haben ihren Messias in Jerusalem erwartet. Und das Laubhüttenfest bietet sich hervorragend dazu an. Denn bei dem Fest sind Juden aus der ganzen Welt anwesend. Wenn Jesus dort einige Wunder tut, dann wird auch der letzte Jude kapieren, dass Jesus der Messias ist. Eigentlich völlig einleuchtend!

Doch warum schreibt der Apostel Johannes, Vers 5:

„Denn auch seine Brüder glaubten nicht an ihn."

Komisch. Die Brüder glauben doch. Sie wollen, dass Jesus sich vor aller Welt als der Messias ausgibt!
Gott sieht es aber anders. Überlegt mal: würden die Brüder wirklich glauben, dass Jesus der Messias ist, dann hätten sie doch gewusst, dass sie ihm keine Ratschläge geben brauchen. Denn der wahre Messias weiß, was Gott will. Den braucht man nicht beraten. Und erst recht nicht drängen!

Die Brüder Jesu haben ein falsches Bild vom Messias gehabt. Sie haben noch nicht verstanden, dass Gottes Weg durch Leiden zur Herrlichkeit geht. Dass der Messias zuerst sein Blut vergießen muss, zur Erlösung der Welt. Sie möchten gern einen Revolutionär als Messias. Einen starken Mann, der mit Gewalt Gottes Herrschaft auf Erden aufrichtet. Das ist aber nicht Gottes Weg das Reich Gottes zu bauen. Gottes Weg verläuft anders. Nämlich so, wie wir es in Philipper 2,8+9 lesen:
„Er erniedrigte sich selbst und ward gehorsam bis zum Tode, ja zum Tode am Kreuz. Darum hat ihn auch Gott erhöht und hat ihm den Namen gegeben, der über alle Namen ist."
Das ist das Vorbild, das uns Jesus vorgelebt hat. Das gilt für alle Menschen. Zuerst muss der Mensch bereit sein sich zu erniedrigen. Dann erst kann ihn Gott erhöhen!
Lies mal aufmerksam. Hier steht, dass man sich nicht selbst erhöhen kann, sondern Gott erhöht. Und zwar erhöht Gott den, der sich zuerst selbst

erniedrigt hat und gehorsam ist!
Erhöhen kann man sich nicht selbst. Aber sich selbst erniedrigen und gehorsam werden, dazu muss man sich bereit erklären!
Wir denken umgekehrt. Wir möchten gleich die Erhöhung, ohne Erniedrigung. Wie viele sind zu fast allem bereit, wenn sie nur einmal ins Fernsehen kommen könnten. Oder mit einem großen Star zusammen auftreten könnten!
Darauf war Jesus nicht aus. Nicht zu diesem Zeitpunkt. Er hat gewusst, dass seine Zeit in Gottes Händen steht. Über seinen Zeitplan hat nur der Vater im Himmel verfügen dürfen. Da hat er sich von der Stimmung und Sensationslust des Volkes nicht täuschen lassen!

Merkt ihr die Versuchung, in der Jesus gestanden war? Hier ist ihm wieder angeboten worden, sich das Leiden zu ersparen.

- Zuerst ist der Teufel zu ihm in der Wüste gekommen und hat ihm angeboten die Weltherrschaft zu übernehmen.
- Als Jesus das Volk mit fünf Broten und zwei Fischen gespeist hat, haben ihn die Juden zu ihrem Brotkönig krönen wollen.
- Als Jesus seinen Jüngern gesagt hat, dass er nach Jerusalem gehen wird, damit er dort leidet und stirbt, hat ihn Petrus daran hindern wollen.
- Und jetzt wird er von seinen lieben Familienangehörigen versucht nach Jerusalem zu gehen, um sich dort als der göttliche Messias ausrufen zu lassen.

Aber Jesus bleibt bei jeder Versuchung standhaft. Er war bereit sich zu erniedrigen und dem Vater im Himmel gehorsam zu bleiben!

Auch uns hat Jesus den gleichen Rat gegeben Matthäus 20,26:
„Wer unter euch groß sein will, der sei euer Diener.“
Das ist jetzt erstmal dran.
Den anderen gilt das Wort Jesu aus Lukas 18,14:
„Wer sich selbst erhöht, der wird erniedrigt werden.“
Das alles mag uns vielleicht seltsam und unlogisch erscheinen. Aber es bewahrheitet sich. Denn das ist Gottes Logik!

Sicher wird dich Gott noch öfter mit seiner Logik überraschen. Aber lehne dich bitte nicht dagegen auf, sondern lerne von seiner Logik und wende sie in deinem Leben an. Denn Gottes Logik hat Zukunft!

Gott überrascht uns aber auch noch mit etwas anderem.

2. Überrascht von Gottes Zeiten

Vers 6: „Da spricht Jesus zu ihnen: Meine Zeit ist noch nicht da, eure

Zeit ist allewege.“

Dieses Wort klingt kompliziert. Jesus will damit sagen, dass seine **Zeit**, nach Jerusalem zu gehen, **noch nicht da** ist. Sein Vater hat ihm noch kein grünes Licht dafür gegeben. Aber sie können zu jeder Zeit nach Jerusalem gehen.

Jedem von uns hat Gott ganz bestimmte Zeitpunkte im Leben festgelegt. Zeitpunkte, an denen sich etwas ganz Bestimmtes ereignen soll. Ereignisse, die eine besondere Bedeutung für unser weiteres Leben haben sollen. Es kann ein bestimmtes Unglück sein, das dazu dienen soll, dass das Leben fruchtbar wird. Es kann genauso ein sehr freudiges Ereignis sein, das positive Folgen für die Zukunft hat. Wir wissen nicht, wann Gott diese Zeitpunkte festgelegt hat. Aber wenn die von Gott bestimmte Zeit kommt, dann wissen wir es!

Unsere **Zeit ist allewege**, sagt Jesus. Das bedeutet, dass wir täglich das tun, was uns gut und richtig erscheint. Bis ein von Gott festgelegter Zeitpunkt kommt, an dem wir erkennen, dass wir etwas Bestimmtes tun müssen. Etwas, das dem Leben eine neue Ausrichtung gibt.

Das möchte ich jetzt mal an einem gelebten Beispiel zeigen.
Tass Saada ist ein Palästinenser, der im Gazastreifen geboren ist. Er war mit der Überzeugung aufgewachsen, dass alle Juden Verbrecher sind. Er hat die Juden über alles gehasst. Jahrelang hat er Juden getötet. Bis er eines Tages den Befehl bekommen hat, einen Vater mit zwei Kindern zu töten. Er hat die Kinder persönlich gekannt und hat mit ihnen Fußball gespielt. Er hat sie dennoch getötet, weil er sonst selber getötet worden wäre. Aber dieses Ereignis hat in ihm eine Wende bewirkt. Er hat sich entschieden nicht mehr zu töten, sondern in die USA zu ziehen und dort für die Sache der Palästinenser zu kämpfen. In den USA hat er irgendwann den Charly kennengelernt. Der Charly hat ihm gesagt, dass er eine Verbindung nach oben hat. Tass Saada hat nicht verstanden, was er damit meint. Die Neugier hat ihn gepackt und fast wahnsinnig gemacht. Er hat unbedingt erfahren wollen, was er damit meint. Eines Tages hat ihm Charly den ersten Vers aus dem Johannesevangelium zitiert: „Am Anfang war das Wort“. Das hat ihn dazu geführt, dass er auf die Knie gegangen ist und Jesus in sein Leben eingeladen hat.
Heute setzt sich Tass Saada für die Juden ein. Er hat die Organisation „Hope for Ishmael“ gegründet, die sich für die Versöhnung von Juden und Arabern einsetzt.

Habt ihr die von Gott festgesetzten Zeiten gemerkt?
Der erste Zeitpunkt Gottes war, als er den Vater mit den zwei Kindern getötet hat.

Der zweite Zeitpunkt war, als ihm Charly gesagt hat, dass er eine Verbindung nach oben hat.
Schließlich ist der Zeitpunkt gekommen, an dem er Jesus in sein Leben aufgenommen hat!

Jetzt mal ein ganz anderes Beispiel.
Da war mal ein amerikanischer Boxer. Er hat jahrelang trainiert, um in die Olympiamannschaft seines Landes zu kommen. Er hat viel geschwitzt und viel Qualen erduldet, um den olympischen Ruhm zu erlangen. Als dann der entscheidende Tag gekommen ist, hat er den Bus verpasst, der ihm zu seinem Kampf bringen sollte. Der Boxer hat damit den ersehnten Titel nicht bekommen.

Wenn dir etwas Ähnliches passiert, dann verzweifle nicht. Nimm es aus Gottes Hand an. Es war Gott. Er hat verhindert, was du dir so sehr gewünscht hast. Denn Gott hat mit dir etwas anderes vor. Unsere Zeit ist allewege, bis Gottes Zeitpunkt kommt. Dann geschieht eine Wende. Vertraue darauf!

> Vers 7: „Die Welt kann euch nicht hassen. Mich aber hasst sie, denn ich bezeuge von ihr, dass ihre Werke böse sind.“

Die Welt, in der wird leben, ist gottfeindlich. Das Böse wird aus ihr nicht verschwinden. Darum kann man die Welt nicht christlich erziehen. Erst wenn Jesus wiederkommt und eine neue Erde schafft, wird es nichts Böses mehr in der Welt geben!

Die Brüder von Jesus haben damals noch eine weltliche Gesinnung gehabt. Sie haben gedacht, gehandelt und empfunden, wie alle anderen Menschen auch. Sie haben nach der jüdischen Lebensweise gelebt, wie es ihnen die religiösen Lehrer vorgegeben haben. Und sie waren sich mit allen anderen Juden einig, dass das der Weg ist, der sie in den Himmel führen wird. Mit dieser Einstellung haben die Brüder Jesu mit den Juden gut gelebt.

Und jetzt kommt Jesus und sagt ihnen, dass das, was sie denken, falsch ist. Dass die **Werke**, die sie tun, um Gott zu gefallen, **böse** sind. Darauf kann doch jeder Jude nur mit Ablehnung reagieren. Und die Ablehnung kann sich bis zum regelrechten **Hass** steigern. Diesen Hass hat Jesus deutlich zu spüren bekommen. Aber Jesus hat den Hass ertragen. Nicht nur ertragen, sondern er hat die geliebt, die ihn gehasst haben. Und er hat nicht aufgehört ihnen zu zeigen, wer Gott wirklich ist. Wie die Bibel richtig verstanden werden will!
Auch bei den frömmsten Menschen hat Jesus Unglauben und Sünde aufgedeckt. Überall, wo die Juden gedacht haben, dass Gott stolz darauf sein muss, da hat Jesus gezeigt: „Nichts als Sünde!“ Einige haben darauf

mit Buße reagiert. Sie haben sich von Jesus ansprechen lassen und haben bald gemerkt, dass er Recht hat. Dass nicht nur die heidnische Welt böse ist, sondern die jüdische genauso.
Andere haben sich aber der Wahrheit nicht gestellt. Sie haben nicht gewollt, dass es so ist, wie Jesus es sagt. Und sie haben mit Ablehnung und Hass reagiert.

Erkennt ihr die Parallele zu unserer heutigen Zeit? Haben sich die Welt und die Menschen geändert? Die Welt und die Menschen sind so geblieben, wie sie schon immer gewesen sind. Nämlich böse und gottfeindlich. Und keiner kann etwas daran ändern. Nur Jesus kann es. Und er hat es getan, indem er seinem Vater im Himmel bis zum Schluss gehorsam war. Er hat sich von keiner Versuchung aus der Bahn werfen lassen. Jesus ist dem treu geblieben, was sein himmlischer Vater geplant hat. Darum sagt er seinen Brüdern, Verse 8+9:

> „Geht ihr hinauf zum Fest! Ich will nicht hinaufgehen zu diesem Fest, denn meine Zeit ist noch nicht erfüllt. Das sagte er und blieb in Galiläa."

Für die Brüder Jesu sind die Gesetze des AT damals immer noch gültig gewesen. Darum sagt Jesus seinen Brüdern, dass sie die Vorschrift des Gesetzes Moses einhalten und zum Laubhüttenfest gehen sollen. Aber für ihn gilt das nicht, weil für ihn der Zeitpunkt Gottes noch nicht gekommen ist!

> Vers 10: „Als aber seine Brüder hinaufgegangen waren zum Fest, da ging auch er hinauf, nicht öffentlich, sondern heimlich."

Wie bitte? Jesus hat doch gerade gesagt, dass er nicht **zum Fest** gehen will. Warum geht er jetzt doch zum Fest? Hat er seine Brüder angelogen? Ist er schwankend in seinen Launen?
Das kann nicht sein. Man kann nur schlussfolgern, dass ihm sein Vater im Himmel inzwischen die Weisung gegeben hat, nach Jerusalem zu gehen!

Dass Jesus **heimlich** dort hingegangen ist, bedeutet, dass er nicht mit der Familie und auch nicht mit der Dorfgemeinschaft hingegangen ist, sondern allein. Ohne es einem zu sagen. Gut möglich, dass seine Jünger mit ihm gegangen sind.

> Verse 11-13: „Da suchten ihn die Juden auf dem Fest und fragten: Wo ist er? Und es war ein großes Gemurmel über ihn im Volk. Einige sprachen: Er ist gut; andere aber sprachen: Nein, sondern er verführt das Volk. Niemand aber redete offen über ihn aus Furcht vor den Juden."

Man merkt, dass die Leute gern mehr von Jesus wissen möchten. Es klingt so, wie wenn die Leute bei dem Fest am meisten auf Jesus gespannt sind. Ist er ein guter Mann, oder ist er ein Verführer?

Aber jeder weiß, dass die Führungsschicht der Juden nicht gut auf Jesus zu sprechen ist. Von daher redet jeder nur unter vorgehaltener Hand.
Aber egal. Sie sind neugierig auf Jesus. Sie wollen sein Wort hören. Darum kann ihnen geholfen werden. Denn *„wer sucht, der findet“* (Matthäus 7,8). Auch wer aus falschen Motiven Jesus sucht, kann vom Wort Gottes überwältigt werden. Wie oft sind schon Menschen zu Evangelisationen gekommen mit der Absicht zu stören. Aber als sie das Wort Gottes gehört haben, haben sie nicht gestört, sondern haben sich bekehrt. Das ist die Macht Gottes, die bis heute noch wirkt!

Gott überrascht uns oft. Denn seine Logik ist oft anders als unsere. Und seine Zeiten sind oft andere als unsere.
Gott sei Dank!

Johannes 7,14-31

Argumente gegen Jesus

In der heutigen Zeit werden uns andauernd Argumente vorgebracht, die gegen den christlichen Glauben sprechen sollen:

- Gott kann man nicht beweisen.
- Die Bibel sei voller Widersprüche und Legenden.
- Die Geschichte der Christenheit ist voll von Machtmissbrauch, Kriegen und Inquisition.
- Das Bodenpersonal Gottes ist nicht glaubwürdig.
- Auch die vielen Konfessionen und Glaubensrichtungen sollen gegen einen Gott sprechen.

Einige berufen sich auf Richard Dawkins. Er hat im Jahr 2006 das Buch „Der Gotteswahn“ herausgebracht. Das Buch war weltweit ein großer Verkaufserfolg. Es dient bis heute als eines der Hauptwerke des Atheismus. Dawkins schreibt, dass jeder Glaube an Gott der menschlichen Vernunft widerspricht. Und die Religion hat in der Regel schwerwiegende Auswirkungen auf die Gesellschaft.

Ist damit die Sache mit Gott erledigt? So hat es Peter Byrom gedacht. Er hat das Buch „Der Gotteswahn“ mit heller Begeisterung verschlungen. Es hat ihn angeregt weitere Schriften zu lesen, von Richard Dawkins, Sam Harris, Christopher Hitchens und Daniel Dennett. Diese Männer werden als die Apostel des Atheismus bezeichnet. Oder auch als die vier apokalyptischen Reiter des Atheismus.

Aber statt als erleuchteter Atheist aus diesen Lektüren hervorzugehen, haben ihm diese Männer als Evangelisten gedient. Je mehr er sich mit dem Atheismus beschäftigt hat, ums mehr hat er entdeckt, dass die Argumente, mit denen Dawkins und andere für den Atheismus werben, gar nicht so stichhaltig sind. Zu seiner eigenen Überraschung hat er begonnen sich für die Möglichkeit zu öffnen, dass das Christentum wahr ist.

Er sagt: „Ich erkannte, dass die Einwände, die ich gegen das Christentum hatte, nicht stark genug waren. Ich hatte keine intellektuellen Einwände mehr. Alles, was blieb, waren nur meine persönlichen, emotionalen Gründe, nicht zum Glauben zu kommen.“

Peter Byrom hat sich für ein Leben mit Jesus entschieden, angestoßen durch Richard Dawkins!

Wie Peter Byrom erkennen auch viele andere Menschen, dass die Christen die besseren Argumente haben. Aber auch, dass es nicht die Argumente sind, die letztendlich zählen, sondern etwas viel Höheres!

Das erklärt uns Jesus in dem heutigen Predigttext. Jesus argumentiert hier nicht mit Atheisten, sondern mit tief religiösen Juden. Für sie war es klar, dass es Gott gibt. Sie haben aber große Probleme damit gehabt, dass Jesus göttlich sein soll. Wir schauen uns jetzt mal ihre Argumente gegen Jesus an und was Jesus darauf sagt.

1. Jesus hat keine theologische Ausbildung

> Verse 14+15: „Aber mitten im Fest ging Jesus hinauf in den Tempel und lehrte. Und die Juden verwunderten sich und sprachen: Wie kann dieser die Schrift verstehen, wenn er es doch nicht gelernt hat?"

In Jerusalem feiern die Juden gerade das Laubhüttenfest. Das ist ein Erntedank**fest** und zugleich ein Erinnerungsfest an die Zeit der Wüstenwanderung. Dabei bauen sich die Juden Hütten aus Ästen und Zweigen und wohnen darin. So schreibt es das Gesetz Moses vor.

Das Fest dauert insgesamt 8 Tage. Wenn hier also steht, dass Jesus **mitten im Fest im Tempel gelehrt** hat, dann war es der 4. Tag des Festes. Jesus war irgendwo auf dem riesigen Tempelplatz gestanden und hat gepredigt. Einige Juden sind stehen geblieben und haben ihm zugehört. Sie haben ganz schön gestaunt, weil Jesus bei keinem Rabbi eine theologische Ausbildung absolviert hat und kennt sich dennoch sehr gut in den heiligen Schriften aus. Was er gesagt hat, war fundiert und sinnvoll vorgetragen!

Es hat aber nicht jedem gefallen, dass Jesus öffentlich auf dem Tempelplatz lehrt. Und sie haben den Zuhörern das gesagt, was viele heute auch sagen würden:
„Der ist nicht berechtigt hier zu lehren. Er hat bei keinem Professor studiert. Er hat nicht einmal einen Bachelor-Abschluss, geschweige denn einen Master- oder Doktortitel!"

Braucht man das, um in einer christlichen Gemeinde zu predigen und lehren?

- Nein!

Wer durch Buße und Wiedergeburt ein Kind Gottes geworden ist, darf in der Gemeinde Jesu predigen und lehren. Natürlich hat nicht jeder eine Begabung dazu. Darum braucht es nicht jeder tun. Aber man stellt nicht selten fest, dass ganz schlichte Menschen besser das Wort Gottes austeilen, als die, die es gelernt haben. Das liegt daran, dass in der Gemeinde Jesu nicht der Bildungsgrad zählt, sondern die Berufung und Geistbegabung. Und das kann man sich nicht durch eine Ausbildung aneignen!

Darauf weist auch Jesus die Juden hin, Verse 16+17:

> „Jesus antwortete ihnen und sprach: Meine Lehre ist nicht von mir,

sondern von dem, der mich gesandt hat. Wenn jemand dessen Willen tun will, wird er innewerden, ob diese Lehre von Gott ist oder ob ich von mir selbst aus rede."

Das muss die Schriftgelehrten ganz schön geärgert haben. Denn sie sind stolz darauf gewesen, dass sie Moses Jünger sind. Und zugleich auch Nachfolger der großen Rabbiner, von denen sie gelernt haben. Und jetzt sagt Jesus, dass seine **Lehre** direkt von Gott kommt. Das heißt, dass seine Lehre die unantastbare Wahrheit ist, die ewig gültig bleibt!

Jesus sagt auch, wie man prüfen kann, ob er Recht hat oder nicht. Er sagt, man muss nur den **Willen** Gottes **tun wollen**, dann wird man erkennen, dass er Gottes Worte lehrt. Das ist alles. Mehr sagt Jesus nicht dazu!

Nicht wahr, uns kommt das zu einfach vor. Es befriedigt uns nicht richtig. Das liegt daran, dass unsere Kultur vom griechischen Denken geprägt ist. Für die Griechen war der menschliche Verstand über allem gestanden. Sie haben nur das angenommen, was gedanklich nachvollziehbar war. Die Bibel lehrt aber, dass die Erkenntnis Gottes nicht durchs Denken kommt. Die Erkenntnis Gottes ist vielmehr ein geistliches Wunder. Nur wer sich persönlich auf Jesus einlässt wird erfahren, ob Jesus ein Irrlehrer ist oder Gottes Sohn. Einen anderen Weg gibt es nicht!

So ist es doch auch in unserem praktischen Leben. Wir lernen eine Sache nur dann, wenn wir uns auf sie einlassen und sie tun.
So hab ich z.B. schwimmen gelernt. Mein Bruder hat mir gezeigt, welche Bewegungen ich im Wasser machen muss. Ich hab keine Ahnung gehabt, warum ich gerade diese Bewegungen machen muss und nicht andere. Aber ich hab die Bewegungen gemacht, weil mein Bruder es mir gesagt hat. Dann erst hab ich gemerkt, dass mich die Bewegungen überm Wasser halten!

Wie war das, als du Autofahren gelernt hast? Du hast damals bestimmt nicht gewusst, wozu eine Kupplung gut ist, warum man beim Berganfahren die Handbremse ziehen muss, warum die Regel „rechts vor links" sinnvoll ist u.v.m. Vielleicht weißt du es bis heute nicht. Aber du hast alles gemacht, was dir dein Fahrlehrer gesagt hat und hast festgestellt, dass es funktioniert!

Mit Jesus ist es nicht anders. Du kommst nie dahinter wer Jesus ist, wenn du dich nur theoretisch mit ihm befasst. Erst wenn du dein Leben für ihn öffnest und ihm gehorchst, wirst du das Geheimnis seiner Person erfassen. Auf deutsch nennt man das heute: „Learning by doing"!

Aber die Menschen möchten lieber erst alles verstehen. Gott und die Welt, die Tiefen und Weiten des Lebens. Dann erst wollen sie Jesus ihr Leben anvertrauen. Jesus sagt aber: „So geht das nicht. Erst gehorchen, dann verstehen!“ Wer gehorsam tut, was Jesus sagt, wird merken, dass Jesus die Wahrheit ist!

Jesus erklärt jetzt auch, warum er vertrauenswürdig ist, Vers 18:

> „Wer von sich selbst aus redet, der sucht seine eigene Ehre; wer aber die Ehre dessen sucht, der ihn gesandt hat, der ist wahrhaftig und keine Ungerechtigkeit ist in ihm.“

Wenn Jesus ein ganz natürliches Genie wäre, dann würde er sich darauf etwas einbilden und sich selbst groß machen. Aber weil Jesus sich nicht selber sucht, sondern den Willen des Vaters erfüllt, ist er vertrauenswürdig. Er erfüllt damit die Bestimmung, die der Vater für uns vorgesehen hat. Jesus hat das getan, was wir Menschen hätten tun sollten:

- Gott ehren, mit allem, was wir tun!

Das ist das große Ziel, auf das jeder Menschen hinleben sollte!

Der Evangelist, Sadhu Sundar Singh, hat gegen Ende seines Lebens erlebt, dass viele Menschen zu ihm geströmt sind. Sie sind von seinen Predigten begeistert gewesen. Viele sind zum Glauben an Jesus gekommen. Damals hat ihn ein Freund besorgt gefragt, ob ihm das alles nicht in den Kopf steigt. Darauf hat Sadhu Sundar Singh geantwortet:
„Als Jesus in Jerusalem einzog, breiteten die Leute ihre Kleider auf dem Wege aus, um Jesus zu ehren. Jesus ritt auf einem Esel. So berührten seine Füße die zu seiner Ehre geschmückte Straße gar nicht. Der Esel hingegen schritt über die Kleider hinweg. Aber wäre es nicht töricht gewesen, wenn sich der Esel darauf etwas eingebildet hätte? Man hatte die Straße doch nicht für den Esel, sondern für den Herrn geschmückt. Ebenso töricht wäre es, wenn sich der Evangelist etwas auf die Ehre einbildete, die man doch Jesus erweist. Ich bin doch nur der Esel, der Jesus in die Stadt hineinträgt!“
Ja, ob jemand echt ist oder nicht, zeigt sich daran, wessen **Ehre** der Mensch mit seinem Leben **sucht**!

Aber die Juden lassen sich von den Worten Jesu nicht beeindrucken. Sie werfen Jesus noch etwas vor:

2. Jesus bricht das Gesetz

> Verse 19+20: „Hat euch nicht Mose das Gesetz gegeben? Und niemand unter euch tut das Gesetz. Warum sucht ihr mich zu töten? Das Volk antwortete: Du bist besessen; wer sucht dich zu töten?“

Jesus geht jetzt auf eine Sache ein, die die Juden niemals in der Gegenwart Jesus ausgesprochen hätten. Er deckt auf, dass sie ihn **töten** wollen, weil er scheinbar ein Gesetzesbrecher ist. Dabei sind sie es, die das **Gesetz Moses** brechen. Und zwar alle, ohne Ausnahme!

Die Juden reagieren empört. Sie streiten ab, dass sie ihn töten wollen. Sie werfen ihm vor, dass er von einem Dämon **besessen** ist, weil er so etwas behauptet.

Aber Jesus bleibt dabei, dass sie ihn töten wollen. Dafür gibt er ihnen ein Beispiel, Verse 21-24:

> „Jesus antwortete und sprach zu ihnen: Ein einziges Werk habe ich getan, und es wundert euch alle. Mose hat euch doch die Beschneidung gegeben - nicht dass sie von Mose kommt, sondern von den Vätern -, und ihr beschneidet den Menschen auch am Sabbat. Wenn nun ein Mensch am Sabbat die Beschneidung empfängt, damit nicht das Gesetz des Mose gebrochen werde, was zürnt ihr dann mir, weil ich am Sabbat den ganzen Menschen gesund gemacht habe? Richtet nicht nach dem, was vor Augen ist, sondern richtet gerecht.“

Das **eine einzige Werk**, von dem Jesus hier spricht, bezieht sich auf das Wunder, das Jesus am Teich Betesda getan hat. Da hat er den Gelähmten geheilt, der 38 Jahre lang krank gelegen war. Das kann man in Johannes 5,1-18 nachlesen. Das Wunder liegt bereits schon viele Monate zurück. Aber die Gemüter der Juden in Jerusalem scheinen davon noch immer bewegt zu sein. Denn Jesus hat das Wunder **am Sabbat** getan. Und das war ein Verstoß gegen **Moses Gesetz**. So haben das zumindest die Juden aufgefasst. Sie **wundern** sich, dass Jesus ein Wunder tut und gleichzeitig das Sabbatgebot bricht!

Jesus fragt die Juden, warum es ein Unrecht sein soll, wenn er am Sabbat einen kranken Menschen heilt. Er sagt: „Wenn das ein Sabbatbruch ist, dann brecht ihr erst recht den Sabbat. Nämlich immer dann, wenn ihr am Sabbat eine **Beschneidung** durchführt.“
Jesus stellt klar, dass Gott das Gesetz der Beschneidung schon vor der Zeit Moses verordnet hat. Nämlich in der Zeit Abrahams (1. Mose 17). Damals schon hat Gott vorgeschrieben, dass die Beschneidung immer am 8. Tag nach der Geburt stattfinden muss. Der Tag der Beschneidung fällt darum manchmal auf einen Sabbat. Und weil die Juden den Vorgang der Beschneidung als Arbeit definieren, ist an dieser Stelle ein Problem entstanden. Um das Problem zu lösen, haben die jüdischen Lehrer gesagt, dass die Beschneidung wichtiger ist als der Sabbat. Darum darf man am Sabbat beschneiden.
Das steht nicht im Gesetz. Das haben sich die Juden selbst ausgedacht!

Daran knüpft jetzt Jesus an und erklärt ganz logisch: „Wenn man einen

Menschen am Sabbat beschneiden darf, dann darf man ihn erst recht gesund machen. Denn die Beschneidung verletzt den Leib. Aber die Heilung stellt den Leib wieder her!“

Bricht Jesus also das Gesetz? Das sollen sich die Juden gut überlegen. Sie sollen sich nicht zu schnell vom **Augen**schein täuschen lassen. Sie sollen mal gut lesen, was im Gesetz wirklich geschrieben steht. Lieber in Ruhe überlegen, bevor man über Jesus **richtet**!

Dann werfen die Juden Jesus noch etwas vor:

3. Jesu Herkunft ist bekannt

> Verse 25-27: „Da sprachen einige aus Jerusalem: Ist das nicht der, den sie zu töten suchen? Und siehe, er redet frei und offen, und sie sagen ihm nichts. Sollten unsere Oberen nun wahrhaftig erkannt haben, dass er der Christus ist? Doch wir wissen, woher dieser ist; wenn aber der Christus kommen wird, so wird niemand wissen, woher er ist.“

Es sieht so aus, wie wenn diese Juden **aus Jerusalem** gerade eben zu Jesus dazugestoßen sind. Denn sie bestätigen, dass die **Oberen** der Juden Jesus **töten** wollen. Die anderen Juden haben Jesus gerade als besessen bezeichnet, weil er das behauptet. Aber jetzt bestätigen die Juden aus Jerusalem, dass es wahr ist!
Ja, die Wahrheit kommt immer ans Licht. Manchmal schneller als es einem lieb ist!

Die jerusalemer Juden fragen, warum die Oberen der Juden Jesus am Tempelplatz **frei und offen** reden lassen. Und sie fragen spöttisch, ob die Oberen denn wohl inzwischen erkannt haben, dass Jesus **der Christus**, also der Messias ist. Wenn das so ist, dann liegen die Oberen falsch. Denn die Eltern von Jesus sind bekannt. Außerdem ist bekannt, dass er aus Nazareth in Galiläa kommt. Doch der wahre Messias wird eine geheimnisvolle Herkunft haben. Er wird plötzlich aus dem Nichts auftauchen!

Stimmt das? Steht das so in der Heiligen Schrift?

- Nein, in der Bibel steht, dass der Messias als Kind geboren wird und zwar dort, wo David geboren ist. In Bethlehem.

Die Theorie, dass **niemand wissen** wird, **woher** der Messias kommt, haben sich die Juden selbst ausgedacht. Wer lehrt hier also falsch?

> Verse 28-31: „Da rief Jesus, der im Tempel lehrte: Ihr kennt mich und wisst, woher ich bin. Aber nicht von mir selbst aus bin ich gekommen, sondern es ist ein Wahrhaftiger, der mich gesandt hat, den ihr nicht

> kennt. Ich aber kenne ihn; denn ich bin von ihm, und er hat mich gesandt. Da suchten sie ihn zu ergreifen; aber niemand legte Hand an ihn, denn seine Stunde war noch nicht gekommen. Aber viele aus dem Volk glaubten an ihn und sprachen: Wenn der Christus kommen wird, wird er etwa mehr Zeichen tun, als dieser getan hat?“

Jesus sagt hier mit anderen Worten: „Äußerlich kennt ihr meine Herkunft. Aber damit habt ihr noch nicht begriffen, wer ich wirklich bin. Dass ihr mich als euren Messias nicht erkennt, liegt daran, dass ihr Gott nicht richtig kennt. Würdet ihr Gott kennen, würdet ihr mich als euren Messias erkennen!“

Ja, die Juden haben sehr genaue Vorstellungen vom Messias gehabt. Aber diese Vorstellungen haben sie gehindert Jesus als Messias zu erkennen!

Das ist eine Warnung an uns. Auch bei uns bibeltreuen Christen sind Theorien im Umlauf, die sich nicht eindeutig von der Bibel decken lassen. Aber einige vertreten es als biblische Wahrheit. Vor allem die Theorien von der Endzeit und der Wiederkunft Jesu. Manche Christen wissen sehr genau:

- Wie die letzten Tage ablaufen werden.
- Sie wissen wie viele Jahre der Antichrist regieren wird,
- welche Rolle das Volk Israel dabei spielen wird und welche Rolle die Nationen,
- welche Katastrophen nacheinander kommen werden,
- wann die Entrückung der Christen sein wird,
- welche Völker und welche Ideologien die letzten Tage bestimmen werden ...

Sie meinen, dass das alles klar und deutlich in der Bibel steht. Sie berufen sich auf Buchautoren und geistliche Lehrer, die scheinbar einen besonderen Durchblick in diesen Dingen haben. Und dann wettern sie gegen wiedergeborene Christen, die es nicht so sehen wie sie!

Liebe Geschwister, an der Stelle müssen wir uns warnen lassen. Es ist wichtig, dass wir uns auch mit den Fragen der Endzeit beschäftigen. Und es ist nicht falsch, wenn wir uns die Dinge konkret vorzustellen versuchen. Aber lasst uns dabei demütig bleiben und zugeben, dass wir nicht in die Zukunft sehen können. Und die Bibelstellen über die Endzeit jetzt noch nicht eindeutig gedeutet werden können.
Wenn wir das nicht tun, wird es uns vielleicht so gehen, wie den Juden. Wir werden blind sein für Gottes Wege, weil uns unsere eigenen Vorstellungen im Weg stehen. Und vielleicht werden wir sogar im Glauben Schiffbruch erleiden, weil Gott anders vorgeht, als wir es uns ausgemalt haben. Und das alles nur, weil man den menschlichen Theorien mehr vertraut hat, als dem,

was wirklich in der Bibel geschrieben steht!

Das Gleiche gilt auch für den Glaubenssatz:

- „Wer glaubt, wird von jeder Krankheit geheilt werden.“
- Oder: „Wer glaubt, dem wird es gut gehen auf Erden.“

Ich kenne einen Pastor persönlich. Er hat innerhalb von wenigen Jahren eine große Gemeinde aufgebaut. Dann ist er durch eine tiefe Krise gegangen und ist in schwere Depressionen gefallen. Als er dann wieder einigermaßen auf dem Damm war, hat er zu mir gesagt: „Andreas, früher war ich überzeugt, ein Christ kriegt keine Depressionen. Heute weiß ich, dass das nicht wahr ist.“

Ja, Gott zeigt sich uns oft von einer anderen Seite, als wir es meinen. Gott lässt sich in kein System einordnen. Wir sind immer darauf angewiesen, dass Gott sich uns in seinem Wort zu erkennen gibt und uns seine Wege zeigt.
Bleib darum von Jesus abhängig. Bleib an seinem Wort und tu seinen Willen. Dann wird dich Jesus so führen, dass du dich wundern wirst!

Die Argumente, die man damals gegen Jesus vorgebracht hat waren:

- Jesus hat keine theologische Ausbildung
- Jesus bricht das Gesetz
- Jesu Herkunft ist bekannt

Jesus hat gezeigt, dass die Argumente nicht stichhaltig sind. Bis zum Schluss haben die Juden kein einziges Argument gefunden, das gegen Jesus spricht.
Bis heute spricht alles für Jesus und nichts gegen Jesus!

Johannes 7,32-52

Argumente für Jesus

Ein Mann betritt das Reich der Toten. Überall sieht er Menschen mit gequälten Gesichtern sitzen. Sie stützen den Kopf schwer in die Hand, wie wenn sie mit schärfster Konzentration über etwas nachdenken würden. Der Mann fragt sie: „Worüber denkt ihr nach?“ „Über einen Namen“, bekommt er als Antwort. „Über welchen Namen?“ „Ja, das wissen wir eben nicht. Das ist ja gerade unser Problem.“ „Wie, das wisst ihr nicht? Ihr denkt über einen Namen nach, den ihr nicht kennt? Das verstehe ich aber wirklich nicht.“ „Wir wissen nur so dunkel, dass es einen Namen gibt, einen starken und herrlichen Namen. Wenn wir diesen anrufen, dann würden wir aus der Hölle gerettet werden. Als wir noch gelebt haben, da haben wir manchmal den Namen gehört. Aber wir haben nicht darauf geachtet. Kannst du uns vielleicht diesen Namen sagen?“ Der Mann sagt: „Aber gern. Der Name heißt Jesus.“ Alle starren den Mann regungslos an. Sie haben den Namen nicht verstanden. Der Mann sagt es ihnen noch ein Mal, so deutlich wie er nur kann: „Jesus“! Aber die Leute stehen nur verdutzt da. Dann schreit er aus allen Leibeskräften: „JESUS!“ Er schreit und schreit in alle Richtungen, aber die Menschen können ihn einfach nicht hören. Denn sie haben kein Organ, um diesen Namen zu hören.

Ist es nicht schrecklich? Der Name, der uns von Gott zur Rettung gegeben ist, - den kann man nicht mehr hören. Gut möglich, dass dieser Name in der Hölle nicht zu hören sein wird. Darum musst du Jesus jetzt, in dieser Zeit anrufen. Jesus sagt:

„Ich bin der Weg und die Wahrheit und das Leben; niemand kommt zum Vater denn durch mich.“ (Johannes 14,6)

Und der Apostel Petrus sagt über Jesus:

„In keinem andern ist das Heil, auch ist kein andrer Name unter dem Himmel den Menschen gegeben, durch den wir sollen selig werden.“ (Apostelgeschichte 4,12)

Leider geht das den meisten Menschen zu weit. Damals wie heute. Sie möchten nicht, das Jesus diesen Absolutheitsanspruch hat. Sie gestehen Jesus vieles zu, aber nicht, dass er der einzige Retter und Erlöser ist. Mit dieser traurigen Tatsache beschäftigen wir uns heute etwas. Was spricht denn dafür, dass Jesus der einzige Retter und Erlöser ist?

1. Jesus kommt von Gott

> Vers 32: „Und es kam den Pharisäern zu Ohren, dass im Volk solches Gemurmel über ihn war. Da sandten die Hohenpriester und Pharisäer Knechte aus, die ihn ergreifen sollten.“

Die **Pharisäer** haben gehört, dass immer mehr Juden in Jesus den Messias sehen. Das ärgert sie. Sie möchten Jesus aus dem Weg schaffen. Darum gehen sie zu den **Hohenpriestern** und bitten sie ihre **Knechte** loszuschicken, um Jesus zu verhaften!

Warum laden sie Jesus nicht zu einem Gespräch ein? Warum prüfen sie nicht, was Jesus sagt?

- Sie wollen sich nicht hinterfragen lassen.
- Ihr theologisches System soll bleiben wie es ist, damit sie ihre Macht behalten können.

Darum darf sie nicht einmal Gott in Frage stellen. Gott muss alles bestätigen, was sie lehren. Wie tragisch, wenn man mal so weit kommt!

> Verse 33-36: „Da sprach Jesus zu ihnen: Ich bin noch eine kleine Zeit bei euch, und dann gehe ich hin zu dem, der mich gesandt hat. Ihr werdet mich suchen und nicht finden; und wo ich bin, könnt ihr nicht hinkommen. Da sprachen die Juden untereinander: Wo will dieser hingehen, dass wir ihn nicht finden könnten? Will er zu denen gehen, die in der Zerstreuung unter den Griechen wohnen, und die Griechen lehren? Was ist das für ein Wort, dass er sagt: ihr werdet mich suchen und nicht finden; und wo ich bin, da könnt ihr nicht hinkommen?“

Jesus weiß, dass die Knechte der Hohenpriester unterwegs sind, um ihn festzunehmen. Aber er lässt sich nicht beirren. Er predigt unverblümt weiter. Denn er weiß, dass seine Zeit in seines Vaters Hand steht. Nicht in den Händen der Menschen!

Tröste dich daran: Auch deine Zeit steht in Gottes Händen. Egal, was die Menschen gegen dich planen. Sie werden nur das tun können, was Gott im Sinn hat!

Jesus sagt hier den Juden die Zukunft voraus. Er ist nur **noch eine kleine Zeit** bei ihnen. Dann geht er wieder zu seinem Vater in den Himmel zurück. Die Juden werden dann den Messias **suchen und nicht finden**. Warum werden sie ihn nicht finden?

- Weil sie nicht wahr haben wollen, dass Jesus ihr Messias ist.

Darum werden sie dort **nicht hinkommen**, wo Jesus ist!

Das gilt bis heute. Wer Jesus ablehnt, oder ihn sogar beseitigen will, der wird ihn nicht finden. Er wird auch nicht in den Himmel kommen. Denn wer den Namen Jesu nicht anruft, kann nicht gerettet werden. Das sagt das Wort Gottes klar und deutlich!

Außerdem: Wer Jesu Worte nicht vorbehaltlos annimmt und glaubt, der kann Jesus nicht verstehen. Er bleibt vor den Worten Jesu verdutzt stehen, wie die Juden hier im Text. Sie rätseln über das, was Jesus sagt. Und warum?

- Weil sie ihr Vorverständnis nicht aufgeben wollen.

Sie denken nur in ihren menschlichen Kategorien. So wie sie sich den Messias vorstellen. Sie haben kein Empfangsorgan für das, wie Gott es meint. Sie haben ein falsches Hörgerät und eine falsche Brille an. Darum können sie Jesus nicht verstehen und kommen auf die seltsamsten Ideen. Sie meinen, dass Jesus ihnen sagt, dass er zu den **Griechen** gehen will, um dort seine Lehre zu bringen. Mit den Griechen haben die Juden damals alle Nichtjuden bezeichnet. Nein, Jesus hat nicht gesagt, dass er ins Ausland gehen will, um dort zu missionieren. Jesus hat gerade eben gesagt, dass er **zu dem geht, der ihn gesandt hat** V. 33. Also zu seinem Vater im Himmel!

Jesus gibt den Juden keine letzte Antwort. Die Klarheit wird erst kommen, wenn die Zeit erfüllt ist. Nach Karfreitag, Ostern, Himmelfahrt und Pfingsten. Dann werden ihnen die geistlichen Sinne geöffnet werden und sie werden alles im hellen Licht sehen, was ihnen jetzt noch so dunkel erscheint. Sie werden verstehen, dass Jesus ihr verheißener Messias ist. Dass ihn der Vater im Himmel gesandt hat. Und dass Jesus sie im Himmel erwartet. Doch wie viele werden sich der Wahrheit öffnen?

Jesus kommt von Gott. Das spricht für ihn, dass er der einzige Retter und Erlöser ist.
Noch etwas spricht für Jesus:

2. Jesus gibt den Heiligen Geist

> Vers 37: „Aber am letzten Tag des Festes, der der höchste war, trat Jesus auf und rief: Wen da dürstet, der komme zu mir und trinke!“

Das Laubhüttenfest neigt sich dem Ende zu. Der **letzte Tag** ist der 7. Festtag. Dem folgt noch ein 8. Festtag, aber das war nur eine Nachfeier.
An den 7 Haupttagen wurde täglich ein Wasser-Ritual durchgeführt. Der Hohepriester ist in einer feierlichen Prozession vom Tempel zum Teich Siloah hinabgeschritten. Dort hat er einen goldenen Krug mit Wasser gefüllt. Das Volk hat dabei die Worte aus Jesaja 12,3 gesungen: *„Ihr werdet mit Freuden Wasser schöpfen aus dem Heilsbrunnen.“* Der Hohepriester ist dann wieder zum Tempel hinaufgeschritten. Dort hat er das Wasser am Altar ausgegossen.
Dieses Ritual hat Gott nicht im Gesetz Moses vorgeschrieben. Das haben die Juden erst später eingeführt. Es sollte an das Wunder während der Wüstenwanderung erinnern, als Mose seinem Volk Wasser aus dem Felsen gegeben hat. Zugleich sollte es auch an die herrliche Zeit erinnern, die der

Messias einmal bringen wird.

Der 7. Tag des Laubhüttenfestes war **der höchste**. An dem Tag ist Jesus aufgetreten und hat laut gerufen: **„Wen da dürstet, der komme zu mir und trinke!“** Jesus sagt damit, dass er der Messias ist, auf den das jüdische Ritual hinweist. Er ist es, der die verheißene, herrliche messianische Zeit bringt. Die Juden sollen nicht mehr auf das Ritual schauen, sondern auf ihn. Alle Durstigen sollen jetzt zu ihm kommen!

Was Jesus hier ruft, erinnert an Jesaja 55,1:
„Wohlan, alle, die ihr durstig seid, kommt her zum Wasser! Und die ihr kein Geld habt, kommt her, kauft und esst! Kommt her und kauft ohne Geld und umsonst Wein und Milch!“
So wird die messianische Zeit beschrieben. Da wird es ein Wasser geben, das alle menschlichen Sehnsüchte stillt. Und Jesus ruft, dass er das Wasser ist, das alle Sehnsüchte stillt!

Auch in Hesekiel 47 ist angekündigt, dass eines Tages aus dem Tempel in Jerusalem ein Wasserstrom herausfließen wird. Alles, was mit diesem Wasser in Berührung kommt, wird gesund werden Hesekiel 47,9:
„Wohin der Strom kommt, das soll leben.“
Jesus sagt, dass er dieses verheißene Wasser ist. Wer zu ihm kommt und von ihm trinkt, der wird gesund werden!

- Jesus ist also der zweite Mose, der seinem durstigen Volk Wasser gibt.
- Jesus ist das von Gott verheißene Wasser, das völlig umsonst den Durst stillt.
- Jesus ist der verheißene Wasserstrom, der jeden gesund macht, der zu ihm kommt.

Das Heil bringen also nicht die symbolischen Rituale. Auch nicht der Tempel. Auch nicht die Priester. Sie alle haben nur auf Jesus hingewiesen. Wer sich jetzt von Jesus einladen lässt und sich von Jesus beschenken lässt, der wird gesegnet werden.

- Ihm werden alle Sünden vergeben.
- Ihm wird in jeder Not geholfen werden.
- Er wird mit Liebe, Freude und Frieden gefüllt werden.
- Er bekommt sichere Orientierung im Leben.
- Und das ewige Leben bei Gott!

Ich hab hier ein Glas, in dem etwas drin ist. Es sieht aus wie Apfelsaft. Aber reicht das, was die Augen sehen, um zu beurteilen, ob es wirklich Apfelsaft ist? Was musst du tun, um es zu erfahren?

- Hingehen und trinken.

Wer will kommen und trinken?

Bei Jesus gibt es alles umsonst. Du musst nur zu ihm gehen und ihm alle deine Schuld abgeben. Auch deine Zweifel, Sorgen, Pläne und Träume. Gib ihm dein ganzes Leben. Dann wirst du überrascht sein, wie viel Gutes du von ihm bekommst. Was für ein wunderbares neues Leben er dir gibt. Wie er deine Probleme löst. Wie er dir deine Sehnsüchte stillt. Es wird weit besser sein, als du es dir denkst!
Und wenn Jesus das an dir tun darf, dann wirst du noch etwas erfahren, Verse 38+39:

> „Wer an mich glaubt, wie die Schrift sagt, von dessen Leib werden Ströme lebendigen Wassers fließen. Das sagte er aber von dem Geist, den die empfangen sollten, die an ihn glaubten; denn der Geist war noch nicht da; denn Jesus war noch nicht verherrlicht."

Die Heilige **Schrift sagt**, dass die gläubigen Menschen zu einer Wasserquelle für andere werden Jesaja 58,11:
„Du wirst sein wie ein bewässerter Garten und wie eine Wasserquelle, der es nie an Wasser fehlt."
Und Jesus sagt, dass sich diese Verheißung an jedem erfüllen wird, der an ihn **glaubt**. Wer sich von Jesus beschenken lässt, der wird selber anderen lebendiges Wasser geben können. Das wird der Heilige **Geist** wirken, wenn er kommt, heißt es hier. Den Heiligen Geist wird jeder **empfangen**, der an Jesus **glaubt**!

Schau dir nur die Menschen um dich herum an. So viele Gesichter, die einen erschrecken können. Ausgedörrt von Enttäuschungen. Bitter und hart wie Stein. Und wie gierig sie nach ein bisschen Glück sind. Du kannst ihnen von der Liebe abgeben, die du empfangen hast. Denn Jesus hat dich dazu berufen, dass aus dir **Ströme des Lebendigen Wassers fließen**. Das erlebt man immer wieder, dass Menschen, die sich ganz auf Jesus eingelassen haben, Freude daran haben, anderen Gutes zu tun!

Aber lebendiges Wasser strömt aus dir auch dann heraus, wenn du deinen Glauben an Jesus bezeugst. Andere ermutigst an Jesus zu glauben. So wie z. B. die Zoe Vogelmann aus Heidelberg. Sie ist eine Christin und eine Leistungsschwimmerin. Im Jahr 2019 hat sie bei den Junioren-Europameisterschaften den 1. Preis gewonnen. Jetzt trainiert sie für die Olympischen Spiele 2024 in Paris. Dabei möchte sie ein Licht Gottes unter ihren Team-Kameraden sein. Sie sagt: „In der Art, wie ich mit meinen Misserfolgen umgehe, möchte ich auf Gott hindeuten. Ich möchte zeigen, dass ich zur Ehre Gottes schwimme und nicht zu meiner Ehre."
Ja, ein lebendiger Wasserstrom für andere zu sein, macht einfach Spaß!

Jesus kommt von Gott und er gibt den Heiligen Geist. Darum ist er der einzige Retter und Erlöser der Menschen. Noch ein drittes Argument spricht für Jesus:

3. Jesus ist nicht anklagbar

> Verse 40-44: „Einige nun aus dem Volk, die diese Worte hörten, sprachen: Dieser ist wahrhaftig der Prophet. Andere sprachen: Er ist der Christus. Wieder andere sprachen: Soll der Christus aus Galiläa kommen? Sagt nicht die Schrift: Aus dem Geschlecht Davids und aus dem Ort Bethlehem, wo David war, soll der Christus kommen? So entstand seinetwegen Zwietracht im Volk. Es wollten aber einige ihn ergreifen; aber niemand legte Hand an ihn."

Die Juden, die Jesus zuhören, merken, dass Jesus etwas sehr Besonderes ist. Nur wer er ist, da sind sie sich nicht einig. Vier verschiedene Meinungen über Jesus stellt uns hier Johannes vor.
Manche glauben, dass er **der Prophet** ist, den Mose angekündigt hat 5.Mose 18,15:
„Einen Propheten wie mich wird dir der HERR, dein Gott, erwecken aus dir und aus deinen Brüdern; dem sollt ihr gehorchen."
Viele Juden haben den Vers so verstanden, dass bevor der Messias kommt, wird ein besonderer Prophet auftreten. Es könnte auch der Elia sein.
Andere glauben sogar, dass Jesus **der Christus** ist, also der Messias. In dem Fall sind es nicht die Wunder gewesen, die sie zu der Überzeugung geführt haben, sondern die Verkündigung. Ich wünsche mir sehr, dass das verkündigte Wort Gottes noch viele Menschen zu der gleichen Erkenntnis führt!
Dann gibt es noch die dritte Gruppe. Sie lehnen Jesus als den Messias ab. Sie sagen, dass laut der Heiligen **Schrift** der Messias **aus dem Geschlecht Davids und aus Bethlehem kommen** wird. Jesus kommt aber **aus Galiläa**. Das Problem lässt sich aber ganz leicht lösen. Denn das Geschlechtsregister Jesu führt tatsächlich zu David. Und Jesus ist in Bethlehem geboren. In Galiläa ist er nur aufgewachsen. Das haben nicht alle Juden gewusst.
Die vierte Gruppe möchte Jesus am liebsten **ergreifen** und ins Gefängnis stecken. Oder sogar umbringen. Sie halten ihn für einen Verführer. Aber sie tun ihm nichts. Der Vater im Himmel hat es nicht zugelassen. Denn Jesus soll nicht am Laubhüttenfest sterben, sondern am Passafest.

Wer soll den Juden klar machen, wer Jesus ist?

- Das wäre eigentlich die Aufgabe der geistlichen Leiter.

Nur, was halten die von Jesus? Schaut mal, was in den Versen 45-49 steht:

> „Die Knechte kamen zu den Hohenpriestern und Pharisäern; und die fragten sie: Warum habt ihr ihn nicht gebracht?Die Knechte antworteten: Noch nie hat ein Mensch so geredet wie dieser. Da

antworteten ihnen die Pharisäer: Habt ihr euch auch verführen lassen? Glaubt denn einer der Oberen oder Pharisäern an ihn? Nur das Volk tut´s, das nichts vom Gesetz weiß; verflucht ist es.“

Die Knechte hätten Jesus verhaften sollen. Sie kommen aber mit leeren Händen zurück. Sie haben keinen Grund gefunden, weswegen sie ihn verhaften sollten. Außerdem haben die Worte Jesu sie tief beeindruckt. Auch sie merken, dass Jesus ein ungewöhnlicher Mensch ist.

Das bringt die **Hohenpriester und Pharisäer** zur Weißglut. Sie lassen ein Donnerwetter los. Sie erklären, dass **keiner der Oberen oder Pharisäer** an Jesus **glaubt**. Ist das ein Argument nicht an Jesus zu glauben?
Außerdem stimmt es gar nicht. Denn eine ganze Reihe von Pharisäern hat an Jesus geglaubt. Auch unter den Oberen haben viele heimlich an Jesus geglaubt, steht in Johannes 12,42:
„Auch von den Oberen glaubten viele an ihn; aber um der Pharisäer willen bekannten sie es nicht.“

Und über das einfache Volk, das an Jesus glaubt, urteilen sie, dass es **nichts vom Gesetz** Moses **weiß**. Diese Menschen sind **verflucht**, darum glauben sie an Jesus. So lieblos und verächtlich reden sie über ihre eigenen Landsleute!
Hier kann man sehen, was für ein großer Abstand zwischen dem einfach Volk und den Oberen bestanden hat. Die obere Schicht hat sehr viel von sich gehalten. Aber der Fluch von dem sie sprechen, wird auf sie zurück kommen. Denn es ist nicht das einfache Volk das getäuscht ist, sondern sie. Das einfache Volk blickt hier geistlich besser durch, als die Gelehrten!
Daraus kann man lernen, dass keine kirchliche und staatliche Obrigkeit uns abhalten darf Jesus nachzufolgen. Ihr hohes Amt sagt nichts darüber aus, ob sie die Wahrheit erkannt haben. Auch sie können sich gewaltig irren!

Auch auf ihre Bibelkenntnis ist nicht immer Verlass. Die nächsten Versen machen das deutlich, Verse 50-52:

„Spricht zu ihnen Nikodemus, der vormals zu ihm gekommen war und der einer von ihnen war: Richtet denn unser Gesetz einen Menschen, ehe man ihn verhört und erkannt hat, was er tut? Sie antworteten und sprachen zu ihm: Bist du auch ein Galiläer? Forsche und sieh: Aus Galiläa steht kein Prophet auf.“

Nikodemus war einer von ihnen, steht hier. Das heißt, dass er ein Pharisäer und Mitglied des Hohen Rats der Juden war. Er hat mal in der Nacht Jesus persönlich aufgesucht um Genaueres über seine Lehre zu erfahren (Johannes 3).

Nikodemus beruft sich auf das **Gesetz**. Man muss einen Menschen erst anhören, bevor man ihn verurteilt. So steht es in 5. Mose 1,16:
„Hört eure Brüder an und richtet recht."
Aber die Oberen lassen sich von ihm nichts sagen. Auch sie verweisen ihn auf die Heilige Schrift. Da kann er fündig werden, dass **aus Galiläa kein Prophet aufsteht**.
Aber das stimmt einfach nicht. Der Prophet Jona war nämlich ein Galiläer (2. Könige 14,25). Einfach peinlich. Sie verfluchen das einfache Volk, weil sie sich im Gesetz nicht auskennen. Und sie selber beachten das Gesetz nicht und behaupten falsche Dinge von der Heiligen Schrift!

Man kann Jesus nichts Schlechtes nachsagen, weil an Jesus nichts Schlechtes ist. Alles spricht für Jesus. Jesus kommt von Gott, Jesus gibt den Heiligen Geist und Jesus ist nicht anklagbar. Darum muss Jesus die Hauptperson in deinem Leben sein und bleiben. Rufe den Namen Jesu an, denn sein Name rettet dich zum ewigen Leben!

Johannes 7,53 - 8,11

Schuld + Selbsterkenntnis + Gnade = Christ

Das ist eine mathematisch-theologische Formel, die ich aufgestellt hab. Mein Sohn Benjamin macht gerade eine Lehre als Elektriker. Da geht er mit Formeln um, die sind für mich einfach nur böhmische Dörfer. Aber ihm leuchten die Formeln ein. Er sagt, das sei alles logisch.
Nein, ich hab es mit der Mathematik nicht so. Deutsch liegt mir mehr. Auch Geografie und vor allem Geschichte und Religion. Aber in Mathe war ich noch nie ein allzu helles Licht. Eher eine trübe Funzel. Der Berufsberater hat kein leichtes Spiel mit mir gehabt. Ich hab ein Test machen müssen und das Ergebnis war: Keine mathematische Befähigung. Aber in welchem Beruf braucht man kein Mathe? Dem Berufsberater ist nichts eingefallen. So hat er mich in die Ausbildung als Rohrinstallateur in ein Aluminiumwerk gesteckt. Ich hab bald festgestellt, dass man auch da ohne Mathe nicht allzu weit kommt. Kein Wunder, dass ich nach der Ausbildung nicht übernommen wurde und sie mich an eine Maschine gestellt haben.
Erst als ich mich für Jesus entschieden hab, hat mich Gott in den richtigen Beruf gestellt. In einen Beruf, den man bei keiner Berufsberatung empfohlen bekommt. In dem man kein Mathe braucht. Gott hat mich zum Pastor berufen. Als Pastor darf ich selber Formeln erfinden und anderen erklären. Und das macht so richtig Spaß!

Meine neueste Erfindung ist eine mathematisch-theologische Formel. Sie lautet:

- Schuld + Selbsterkenntnis + Gnade = Christ

Diese Formel werde ich jetzt erklären. Ihr dürft beurteilen, ob sie mit der Bibel stimmig ist oder nicht.

1. Schuld

Der Text heute beginnt völlig unspektakulär, 7,53 - 8,2:

> „Und jeder ging heim. Jesus aber ging zum Ölberg. Und frühmorgens kam er wieder in den Tempel, und alles Volk kam zu ihm, und er setzte sich und lehrte sie."

Wenn Jesus in Jerusalem war, dann hat er täglich im **Tempel gelehrt**. Geschlafen hat er irgendwo auf den **Ölberg**. Unter anderem im Garten Gethsemane. Das erfahren wir aus Lukas 21,37:
„Er lehrte des Tags im Tempel; des Nachts aber ging er hinaus und blieb an dem Berg, den man den Ölberg nennt."
Und in Johannes 18,2 steht:

„Judas aber, der ihn verriet, kannte den Ort auch, denn Jesus versammelte sich oft dort mit seinen Jüngern.“
Und nachdem Jesus auf dem Ölberg übernachtet hat, war er jeden Tag irgendwo auf dem großen Tempelplatz zu finden. Sogar **frühmorgens**, heißt es in unserem Text. Denn die Leute haben sich schon früh am Morgen auf den Weg zum Tempel gemacht, um Jesus zu hören, wie er die Heilige Schrift auslegt.

Bis heute ist der wichtigste Dienst in der Gemeinde Jesu die Bibelauslegung. An dieser Stelle darf sich auf keinen Fall etwas anderes einschleichen. Denn wenn in der Gemeinde Jesu die biblische Lehre zu kurz kommt, wird die Gemeinde geistlich verkümmern. Schließlich ist das Wort Gott mehr als alle menschlichen Worte.

- Gottes Wort erzeugt in uns das geistliche Leben.
- Gottes Wort gibt uns Kraft und Mut für den geistlichen Dienst.
- Und dieses Wort gibt ewiges Leben!

Ganz nebenbei möchte ich noch darauf hinweisen, dass der heutige Text erst später in das Johannesevangelium hinzugekommen ist. In den ältesten Abschriften steht die heutige Geschichte nicht drin. Aber der Kirchenvater Papias, ein Schüler vom Apostel Johannes, hat um das Jahr 125 n. Chr. diese Geschichte gekannt. Diese Verse sind also schon immer im Umlauf gewesen. Sie sind aber in kein Evangelium aufgenommen worden. Das braucht uns nicht so sehr zu wundern, denn der Apostel Johannes schreibt am Ende seines Evangeliums Johannes 21,25:
„Es sind noch viele andere Dinge, die Jesus getan hat. Wenn aber eins nach dem andern aufgeschrieben werden sollte, so würde, meine ich, die Welt die Bücher nicht fassen, die zu schreiben wären.“
Diese Geschichte gehört sicher in diese Kategorie. Sie ist eines von den Berichten, die zuerst in keinem Evangelium gestanden war. Aber der Heilige Geist hat dafür gesorgt, dass sie reinkommt!

Zurück zu unserer Geschichte. Jesus lehrt immer noch auf dem Tempelplatz in Jerusalem. Auf ein Mal entsteht ein Tumult, Verse 3-6:

> „Aber die Schriftgelehrten und Pharisäer brachten eine Frau zu ihm, beim Ehebruch ergriffen, und stellten sie in die Mitte und sprachen zu ihm: Meister, diese Frau ist auf frischer Tat beim Ehebruch ergriffen worden. Mose aber hat uns im Gesetz geboten, solche Frauen zu steinigen. Was sagst du? Das sagten sie aber, ihn zu versuchen, damit sie ihn verklagen könnten.“

Ja, was die Frau getan hat, ist wirklich schlimm. **Ehebruch** ist kein harmloser Ausrutscher.

- Er zerstört die Liebe in der Ehe.
- Er zerstört alles Vertrauen.
- Dadurch geht die Familie kaputt.
- Die Kinder leiden unter den Folgen enorm.

In den Filmen und Romanen wird Ehebruch als etwas völlig Normales dargestellt. Wie wenn es jeder tun würde. Aber in Wirklichkeit ist Ehebruch so schlimm, dass er bis heute zu einem der häufigsten Gründe für eine Ehescheidung zählt!

Denn ein Ehebruch ist nicht einfach nur biologisch und psychologisch erklärbar. Beim Ehebruch geschieht etwas im geistlichen Bereich. Etwas, worauf wir keinen Zugriff haben. Es ist ein Geheimnis. Das sagt der Apostel Paulus in 1. Korinther 6,16:
„Oder wisst ihr nicht: wer sich an die Hure hängt, der ist ein Leib mit ihr? Denn die Schrift sagt: 'Die zwei werden ein Fleisch sein'.“
Und in Epheser 5,31+32 schreibt Paulus:
„Die zwei werden ein Fleisch sein. Dies Geheimnis ist groß.“
Darum gehört der Ehebruch bis heute zu den häufigsten Scheidungsgründen. Weil dabei ein Geheimnis zerstört wird. Das kann man nicht medizinisch und therapeutisch erklären und wieder gut machen!

Darum haben **die Schriftgelehrten und Pharisäer** schon recht. Was die Frau gemacht hat, ist schlimm. So schlimm, dass Gott im Gesetz Moses geboten hat 3. Mose 20,10:
„Wenn jemand die Ehe bricht mit der Frau seines Nächsten, so sollen beide des Todes sterben, Ehebrecher und Ehebrecherin, weil er mit der Frau seines Nächsten die Ehe gebrachen hat.“
Damit ist der Wille Gottes klar und deutlich erklärt!

In dem Fall, der Jesus jetzt vorgebracht wird, ist eins komisch. Wo ist der Mann? Hat er sich aus dem Staub gemacht? Haben sie ihn laufen lassen?

- Diese Frage bleibt offen.

Es kann durchaus sein, dass das zu der Taktik der Schriftgelehrten und Pharisäer gehört. Denn ihnen geht es hier nicht so sehr um den Ehebruch, sondern der peinliche Vorfall ist für sie ein gefundenes Fressen. Sie benutzen den Fall als Köder, um Jesus in die Falle zu locken. Sie wollen den guten Ruf Jesu schädigen. Jesus unglaubwürdig machen. Und sie meinen, dass sie Jesus jetzt einen Strick um den Hals binden können, aus dem er sich nicht mehr herauswinden wird. Denn egal, was Jesus jetzt sagt, sie werden es gegen ihn verwenden.

Wenn Jesus sagt, dass sie gesteinigt gehört, dann können sie die Römer gegen ihn hetzen. Denn die Römer haben den Juden verboten die Todesstrafe auszuführen.

Und außerdem könnten sie ihm zur Last legen, dass er nur die Frau steinigen will. Das Gesetz schreibt aber vor, dass die Frau und der Mann gesteinigt gehören. Man könnte Jesus als einen oberflächlichen Lehrer ausgeben!

Wenn Jesus aber sagt, dass man die Frau gehen lassen soll, dann setzt er das Gesetz Moses außer Kraft. Dann kann er nicht der Messias sein!

Darum zwingen sie jetzt Jesus zu einer Stellungnahme. Das Volk soll sehen und hören, wie Jesus scheitert!

Die Schriftgelehrten und Pharisäer haben Sünde bei der Frau festgestellt. Aber sie haben nicht erkannt, dass sie mitten drin sind eine große Sünde zu begehen. Denn sie wollen Jesus etwas Böses anhängen. Sie sehen die Sünde der Frau, aber ihnen fehlt die Selbsterkenntnis.

2. Selbsterkenntnis

> Vers 6: „Aber Jesus bückte sich und schrieb mit dem Finger auf die Erde.“

Jesus verhält sich mal wieder ganz ungewöhnlich. Statt zu antworten, kritzelt er etwas **mit dem Finger auf die Erde**. Zu gern möchte ich wissen, was Jesus da geschrieben hat. Aber das werden wir nie mit letzter Sicherheit herausfinden!

- Manche meinen, dass Jesus die Sünden der Ankläger aufschreibt!
- Andere sagen, dass Jesus hier prophetisch handelt und den Finger Gottes veranschaulicht. Den Finger, mit dem Gott die 10 Gebote auf die Steintafeln geschrieben hat. Das würde heißen: Hier steht Gott vor euch!
- Andere verweisen auf Jeremia 17,13, wo es heißt: *„Die Abtrünnigen müssen auf die Erde geschrieben werden.“* Dann würde Jesus die Namen der Männer auf die Erde schreiben, die die Frau verurteilen wollen. So wie der Wind die Namen verweht, so werden auch sie vergehen und vergessen werden, weil sie auch Sünder sind!

Das sind alles gute Erklärungen.

- Ich tendiere zu der Meinung, dass Jesus die 10 Gebote auf die Erde schreibt. Die Schriftgelehrten und Pharisäer sollen sich die Gebote anschauen und sagen, ob sie sie alle halten!

Das passt nämlich gut zu dem, was in den Verse 7+8 steht:

> „Als sie nun fortfuhren, ihn zu fragen, richtete er sich auf und sprach zu ihnen: Wer unter euch ohne Sünde ist, der werfe den ersten Stein

> auf sie. Und er bückte sich wieder und schrieb auf die Erde."

Die Ankläger denken wohl, dass Jesus verlegen ist. Er weiß nicht weiter und sagt deswegen nichts. Und mit dem Schreiben will er ablenken. Er will Zeit gewinnen. Darum dringen sie in ihn ein: „Jetzt nimm doch endlich mal Stellung, Jesus. Du willst doch ein Lehrer Israels sein. So schwer ist doch der Fall hier nicht. Oder doch?"
Und Jesus unterbricht das Schreiben, **richtet** seinen Oberkörper kurz **auf**, sagt einen kurzen Satz und schreibt wieder weiter. Dieser eine kurze Satz verändert die Lage schlagartig. Diese wenigen Worte sind so treffend, so weise, so tief, dass sich jeder schlagartig vor eine neue Perspektive gestellt weiß. Jeder muss plötzlich auf sein eigenes Leben schauen:

- „Wie sieht Gott mich eigentlich?
- Bin ich besser als die Frau?
- Wird mich Gott gerecht sprechen?"

Auf ein mal geht es nicht mehr um das Böse, das die Frau gemacht hat. Jetzt geht es um das Böse, das in mir steckt!

Jesus hat den Satz sicher ganz unaufgeregt gesagt. Aber mit göttlicher Vollmacht. Mit der göttlichen Kraft, die durchs Herz geht. Wer von so einem vollmächtigen Wort getroffen wird, der weiß, was ihm Gott sagen will. Ausreden und Ablenkungen taugen in so einem Moment nichts mehr.

Und das ist hier der Fall. Im Vers 9 steht:

> „Als sie aber das hörten, gingen sie weg, einer nach dem andern, die Ältesten zuerst."

Die Pharisäer haben mit dem Gesetz gern andere Menschen beurteilt. Sie haben das Gesetz genommen und anderen wie ein Spiegel vor die Nase gehalten: „Schau mal, was du wieder falsch gemacht hast!" Und Jesus nimmt jetzt den Spiegel und dreht ihn um 180°. Dabei sagt er: „Schau mal, was du falsch gemacht hast!"

Und was tun die Schriftgelehrten und Pharisäer?

- Sie verhalten sich ganz richtig.
- Sie machen sich nicht frömmer, als sie sind.
- Sie sind aufrichtig zu sich selbst.
- Sie lassen sich von Jesus ihre fromme Maske abziehen.
- Sie geben zu, dass sie Sünder sind.

Sie geben zu: „Auch wenn wir unsere Ehe nicht gebrochen haben, wird Gott andere Gründe finden, um uns zu steinigen!"

So war das auch beim Paulus. Er hat sich mit anderen Juden verglichen und hat sich gedacht: „Ich bin besser, als ihr alle. Ich übertreffe euch beim Einhalten der Gesetze bei weitem!“ Und seine Selbstgerechtigkeit hat ihn zu einem blinden religiösen Eifer geführt. Bis eines Tages Jesus zu ihm gesprochen hat. Da hat er erkannt, wer er vor Gott ist. Trotz seinem frommen Leben und seinem religiösen Eifer, war er vor Gott nichts anderes als ein Sünder. Von Gott getrennt. Daraufhin hat er Jesus erkannt und angenommen!

Das ist das Grundmuster, das sich bis heute ständig wiederholt. Solange du dich selbst vor Gott noch nicht erkannt hast, weißt du nicht wirklich, dass du von Gott getrennt bist. Du lebst in deiner Traumwelt, die vielleicht sehr fromm aussieht. Aber du siehst immer nur, was die anderen falsch machen. Du kannst sehr gut erklären, wer welchen Splitter im Auge hat. Aber deinen eigenen Balken im Auge siehst du nicht!

Darum, ein guter Rat: Wenn du mal wieder über einen anderen kritische und richtende Gedanken hast, dann bitte Jesus, dass er dir zeigt, wer du wirklich bist. Bitte ihn darum, dass er dich das erfahren lässt, was die Schriftgelehrten und Pharisäer erkannt haben, als sie die Steine fallen gelassen haben und heim gegangen sind. Denn diese Erkenntnis ist sehr heilsam. Es ist der erste Schritt in die Gnade. Und damit bin ich beim dritten Punkt angelangt:

3. Gnade

> Verse 9-11: „Und Jesus blieb allein mit der Frau, die in der Mitte stand. Jesus aber richtete sich auf und fragte sie: Wo sind sie, Frau? Hat dich niemand verdammt? Sie antwortete: Niemand, Herr.“

Der Frau muss es furchtbar zumute gewesen sein. Gut möglich, dass sie vor Angst gezittert hat. Der Schreck hat ihr noch in den Knochen gesteckt, als sie in der äußerst peinlichen Lage erwischt wurde. Innerhalb seiner Sekunde hat sich ihre Lust in Last und Leid verwandelt. Dann ist sie vor den Menschen öffentlich bloßgestellt worden. Sie hat schon den Tod vor Augen gehabt. Und jetzt sind plötzlich ihre Ankläger fort. Sie steht verwundert und verdutzt da. Was ist jetzt los? Nur noch Jesus ist geblieben. Und sie denkt: „Jetzt wird er mir die Leviten lesen!“ Eine Spannung liegt in der Luft. Das Atmen fällt ihr schwer. Sie kann Jesus nicht in die Augen schauen. Es ist wie damals, im Paradies, als Gott gerufen hat: „Adam, wo bist du?“

Diese Szene zeigt uns ganz gut, wie eines Tages jeder Mensch vor Jesus, dem höchsten Richter, stehen wird.

- Welches Urteil wird Jesus über dich sprechen?
- Was hast du aus dem Leben gemacht, das er dir geschenkt hat?

- Wie hast du seine Gaben verwaltet?

Hören wir mal, was Jesus der Frau sagt, Vers 11:

„So verdamme ich dich auch nicht."

Wie bitte? Sie hat doch deutlich gegen ein Gebot Gottes verstoßen. Die Sünde ist offensichtlich. Es gibt Zeugen!
Hebt Jesus das Gesetz Moses auf?

- Auf keinen Fall, denn Jesus hat deutlich und klar gesagt: „Steinigt sie." Er hat gesagt, wer den ersten Stein werfen soll.

Es hat sich bloß niemand gefunden, der für diese Tat würdig wäre. Denn alle Ankläger haben zugeben müssen, dass sie schuldig sind. Nur Jesus wäre würdig gewesen den ersten Stein zu werfen. Denn er ist der einzige Mensch, der nie eine Sünde getan hat. Aber er wirft den Stein nicht auf sie!

Und jetzt stehen wir vor der ganz wichtigen Frage:

- Warum steinigt Jesus die Frau nicht?

Drückt er ein Auge zu? Lässt er fünfe gerade sein?
Stell dir mal vor, dir bricht jemand in deine Wohnung ein, raubt dir deine wertvollen Sachen aus, du erwischt ihn und rufst die Polizei. Die Polizei kommt und sagt: „Jetzt machen wir mal nicht so viel Wirbel. Das ist doch ein ganz armer Kerl. Wir drücken ein Auge zu. Er kann gehen." Was würdest du über solche Polizisten denken?

- Solche Polizisten gehören auf der Stelle entlassen. Ja, ins Gefängnis gesteckt. Denn wer einen Verbrecher laufen lässt, begeht ein Verbrechen!

So ist es auch hier. Wenn Jesus einfach nur ein Auge zudrückt und die Frau laufen lässt, dann hat er sich versündigt. Dann ist er ein Todeskandidat. Denn er hat das Gesetz Moses nicht beachtet!

Nein, Jesus drückt hier nicht einfach ein Auge zu, sondern er beschenkt die Frau mit seiner göttlichen Gnade. Mit der Gnade, die er am Kreuz noch teuer erkaufen wird. Jesus wird am Kreuz auch für die Sünde dieser Frau sein Leben opfern. Jesus wird die verdiente Todesstrafe dieser Frau auf sich nehmen. Darum kann er ihr die völlige Sündenvergebung geben!

So behandelt Jesus alle Sünder, die zu ihm kommen. Die ihm ihre Sünden bekennen und ihn um Vergebung bitten. Diese Menschen spricht Jesus von jeder Sünde frei und bewahrt sie vor der ewigen Verdammnis. So sagt es die Bibel in Römer 8,1:
„So gibt es nun keine Verdammnis für die, die in Christus Jesus sind."
Kein Gericht, keine Verdammnis, sondern nur ewiges Leben bei Gott!

Vielleicht habt ihr schon mal was von der Watergate-Affäre gehört. Watergate ist ein Gebäude in Washington, in dem die Demokraten früher ihren Sitz gehabt haben. Im Jahre 1972 hat man in dem Gebäude fünf Männer erwischt, die versucht haben Abhörwanzen einzubauen. Der Verdacht ist auf den republikanischen Präsidenten Richard Nixon gefallen. Er hat aber fest behauptet, dass er mit der Sache nichts zu tun hat. Deswegen hat man ihn vors Gericht zitiert. Im Gerichtssaal hat man ein Tonband laufen gelassen, auf dem zu hören sein sollte, wie Nixon zwei führende Männer beauftragt die Watergate-Affäre zu vertuschen. Ein dramatischer Augenblick. Denn das Fernsehen hat alles live übertragen. Das Band war bis zu der Stelle gelaufen, wo Nixon die entsprechenden Worte sprechen sollte. Aber plötzlich war es ganz still, denn die Aufnahme war gelöscht!
So wird es dir an dem Tag gehen, wenn Jesus die Welt richten wird. Die Menschen und die Teufel werden dich vor Gott verklagen. Aber sie werden keine Beweise haben. Denn Jesus hat sie alle mit seinem Blut gelöscht.
Darum gibt es keine Verdammnis für die, die in Christus Jesus sind!

Aber das ist noch nicht alles. Jesus fügt zum Schluss noch einen ganz wichtigen Satz hinzu, Vers 11:

> „Geh hin und sündige hinfort nicht mehr."

Jesus erwartet von der Frau, dass sie das ehebrecherische Verhältnis für alle Zeit aufgibt. Sie muss sich von ihrem neuen Liebhaber trennen. Und zugleich lädt er sie ein, ein besseres Leben zu führen. Ein Leben mit Gott und für Gott.

Wenn dir Jesus deine Sünden vergibt, dann doch nicht deswegen, damit du munter weiter sündigst wie bisher. Jesus vergibt dir deine Sünden, damit du ein neues Leben lebst!
Sag Jesus: „Soviel an mir liegt, halt ich mich von aller Sünde fern. Jesus hilf mir dabei!" Dann bist du ein Christ. Wer sich dafür nicht bewusst entscheidet, ist kein Christ!
Christ ist nur derjenige, auf den diese Formel zutrifft:

Schuld + Selbsterkenntnis + Gnade = Christ.

Alles andere ist falsch!

Johannes 8,12-20

Warum du Jesus als Licht brauchst

In den deutschen Redewendungen kommt das Wort Licht oft vor:

- Man kann jemanden hinters Licht führen.
- Oder etwas ans Licht bringen.
- Mir kann ein Licht aufgehen.
- Ich kann eine Sache im Licht besehen.
- Einem anderen kann man grünes Licht geben.
- Manchmal steht einer im schiefen Licht.
- Und nicht jeder ist ein großes Licht.
- Schön sind die Lichtspiele und Lichtbilder.
- Aber ganz schlimm ist es, wenn jemand sein Augenlicht verliert.
- Manchmal geben wir einem eine Lichthupe.
- Manche rechnen in Lichtgeschwindigkeit und Lichtjahren.

Und in unserem Predigttext steht, Vers 12:

> „Da redete Jesus abermals zu ihnen und sprach: Ich bin das Licht der Welt."

Um diese Aussage richtig zu verstehen, muss man zum griechischen Urtext greifen. Da wird man entdecken, dass Jesus für das Wort **Ich** zwei Wörter benutzt. „Ego", und „eimi" hintereinander. Das heißt: Ich und nur Ich allein. Jesus drückt damit aus, dass er nicht nur ein Licht unter vielen ist, sondern er ist das Licht schlechthin.
In Johannes 1,9 heißt es von Jesus:
„Das war das wahre Licht, das alle Menschen erleuchtet, die in diese Welt kommen."
Jesus ist also das absolute Etwas, das alle Menschen brauchen!

Das ist keine bodenlose Behauptung. Gott hat nämlich im AT verheißen, dass er uns eines Tages sein Licht senden wird. Gott sagt durch den Propheten Jesaja:
„Das Volk, das im Finstern wandelt, sieht ein großes Licht, und über denen, die da wandeln im finsteren Lande, scheint es hell." (Jesaja 9,1)
Das heißt, dass Gott seinem Volk Israel eines Tages ein ganz großes Licht senden wird. Dieses Licht wird alle Finsternis, also alle Probleme beseitigen!

Dann hat Jesaja gehört, wie Gott zu seinem Knecht sagt, Jesaja 49,6:
„Ich habe dich zum Licht der Heiden gemacht."

Der Knecht Gottes wird also nicht nur für das Volk Israel ein Licht sein, sondern für alle Völker!

Und jetzt sagt Jesus, dass er das verheißene Licht Gottes ist. Er ist der, auf den die Juden schon so lange warten!

Na gut, was bedeutet das aber für mich? Was hab ich davon, dass Jesus das verheißene Licht Gottes ist?

- Das bedeutet enorm viel für dich.

Drei wichtige Dinge stehen in dem heutigen Text drin, warum Jesus dein persönliches Licht werden sollte.

1. Jesu Licht lässt dich Trost erfahren

> Vers 12: „Wer mir nachfolgt, der wird nicht wandeln in der Finsternis, sondern wird das Licht des Lebens haben."

Jesus will dich also **nicht in der Finsternis** lassen. Finsternis, ist ein Bild für die Sünde. Finsternis ist auch ein Bild für den Zustand ohne Gottes Gegenwart.
So beurteilt Gott die Welt in der wir leben Jesaja 60,2:
„Finsternis bedeckt das Erdreich und Dunkel die Völker."
Wer will sagen, dass das nicht wahr ist? Wo man hinschaut, findet man unlösbare Probleme:

- Erdbeben,
- Überschwemmungen,
- Kriege,
- Terroranschläge,
- Hunger in vielen Teilen der Erde,
- Sexuelle Zügellosigkeit,
- Lügenaffären,
- Arbeitslosigkeit und die bitteren Folgen,
- Menschen, die verunsichert und voller Angst sind ...

Auch unser privater Alltag ist voller Finsternis. Wir sind gefangen in Trauer, Sorgen, Krankheiten, im Streit, im Zorn.

Und wieso ist das so? Gott gibt uns darauf eine unmissverständliche Antwort:

- Weil der Mensch voller Sünde ist.
- Weil der Mensch fern von Gott lebt.
- Weil der Mensch keinen geistlichen Durchblick hat.

Und darum diese Finsternis. Egal was wir dagegen tun, die Finsternis wird sich immer weiter fortsetzen. Auch nach dem Tod setzt sich diese schreckliche Finsternis fort. Denn die Menschheit steuert auf die Hölle zu!

Wenn du das verstanden hast, dann kannst du verstehen, warum du Jesus als Licht brauchst. Jesus ist gekommen, um dir zu sagen, dass du ihm **nachfolgen** sollst. Denn wenn du das tust, dann wirst du das **Licht des Lebens haben**. Weißt du, was das bedeutet?

- Das bedeutet, dass du von allen deinen Sünden befreit wirst.
- Du wirst Gott zum Vater bekommen.
- Du wirst von Gott geliebt sein.
- Du wirst alles bekommen, was Gott gehört.
- Und wenn dich hier Angst und Sorge überfällt, dann wirst du von Gott getröstet werden.

Wenn du im Licht Jesu bist, dann brauchst du dich nicht mehr von Gedanken plagen lassen wie:

- „Was denkt der andere über mich?"
- „Bin ich schön genug?"
- „Komm ich bei den anderen gut an?"

Denn Jesus wird dich prägen und bestimmen. Er wird dir seinen Frieden geben. Und er wird alles Übel, das dich jetzt noch plagt, zu einem überaus schönen Ende führen!

Das ist keine hohle Theorie. Das ist keine psychologische Beruhigung. Denn unzählig viele Menschen in der ganzen Welt bestätigen das. Nur ein Beispiel:
Eine Frau hat in einem christlichen Buch einen Abschnitt über das Thema Hurerei gelesen. Sie hat gelesen, dass auch voreheliche sexuelle Gemeinschaft vor Gott Hurerei ist. Sie war erschüttert, denn sie hat mit einem Mann zusammengelebt, ohne verheiratet zu sein. Ihr war klar, dass wenn sie eine Christin sein will, dann kann sie so nicht weiter leben. Sie muss die sexuelle Beziehung zu ihrem Freund beenden, ihn heiraten, oder die Partnerschaft ganz aufgeben. Aber wie sollte sie ihm das erklären?
Im nächsten Gespräch ist es wieder zu einem Streit wegen dem Glauben gekommen. Jetzt ist ihr endgültig klar geworden, dass sie keine gemeinsame Basis haben. Darum hat sie mit ihm Schluss gemacht. Als sie daheim angekommen ist, hat sie sich an ihr Bett gekniet und hat geweint. Sie hat Jesus gebeten, dass er ihr ihre Schuld vergibt. Sie hat ihm versprochen, dass sie von jetzt an ganz ihm gehören will, und ihr altes Leben hinter sich lassen will. Und sie hat gespürt, wie ein tiefer Friede in sie einzieht.
Jesus hat dann auch alle weiteren Verletzungen, die durch ihren falschen Lebensstil entstanden sind geheilt. Heute lebt sie als eine fröhliche Christin, ist verheiratet und hat zwei Kinder.

So bekehren sich bis heute unzählig viele Menschen zu Jesus.

- Diebe bringen ihre gestohlenen Sachen zurück.
- Zerbrochene Ehen werden durch Jesus wieder geheilt.
- Menschen, die in Esoterik und allerlei Süchten gefangen sind, werden bis heute durch den Glauben an Jesus frei.

Und das alles nur, weil sie ein ganz entschiedenes Ja gesagt haben, als das Licht Jesu sie erleuchtet hat!

Jesus will, dass sein Licht in dieser finsteren Welt leuchtet. Dass Menschen für das ewige Licht, für den Himmel, gewonnen werden. Und wie macht Jesus das?

- Jesus gibt denen, die das Licht angenommen haben, eine gewaltige Vollmacht. Er sagt: *„Ihr seid das Licht der Welt“* (Matthäus 5,14).

Die Nachfolger Jesu sind Lichter in dieser finsteren Welt, weil Jesus in ihnen lebt!
Wenn du also Jesus deine Sünden abgibst und ihn in dein Leben aufnimmst, dann wirst du zu einem Licht in dieser Welt. Denn Jesus lebt und herrscht in dir!

Ist dir bewusst, was für eine hohe und würdige Berufung du hast?

- Du darfst anderen Menschen die Liebe Gottes vorleben.
- Du hast die Vollmacht anderen zu sagen, wo es Hilfe und ewiges Leben gibt.
- Du darfst andere anstecken, damit sie auch Lichter werden.

Als Christ bist du der wichtigste Lebenshelfer auf Erden. So sieht dich Gott!

Die Nachfolge Jesu kann nicht nur aus Begeisterung allein geschehen. Denn jede Begeisterung legt sich nach einer gewissen Zeit wieder. In der Nachfolge geht es darum, dass du fest an Jesus gebunden bist. Und zwar immer, das ganze Leben lang. Auch wenn es hart im Leben kommt. Auch wenn du Nachteile in Kauf nehmen musst.

Und woher bekommst du die Kraft, Jesus treu zu bleiben?

- Aus dem Dienst für Jesus!

Ein junger Student war mit seiner Leistung nicht zufrieden. Er hat hin und her überlegt, wie er noch mehr aus sich herausholen könnte. Da hat ihm jemand den Rat gegeben:
„Nimm einen Schüler, dann wirst du mehr lernen.“
Das war ein guter Rat. Andere lehren ist eine gute Art um selbst zu lernen. Was wir lernen und anderen mitteilen, das prägt sich tief in uns ein. Darum ist es gut, wenn ein Christ in der Kinderstunde, Jungschar, Jugendarbeit, im Hauskreis, Verkündigungsdienst mitarbeitet. Dabei lernt man viel mehr und viel tiefer, als durch die Theorie allein.

Und die gute Nachricht ist: Im Dienst für Jesus gibt es immer viel Platz. Da gibt es nicht so viel Gedränge, wie da, wo es um Macht und hohe Posten geht. Denn im Dienst Jesu werden wir nicht immer sichtbaren Erfolg haben. Wir bekommen dabei auch wenig Anerkennung von Menschen. Denn die meisten Leute wollen nicht, dass das Licht Jesu in sie eindringt. Sie fühlen sich in ihrer Finsternis wohl. Sie haben sich an ihr sündiges Leben gewöhnt. Sie meinen, dass das, was sie leben, normal sei. So heißt es auch in Johannes 3,19:
„Die Menschen liebten die Finsternis mehr als das Licht.“
Wenn du in deinem Dienst für Jesus wenig Erfolg siehst, dann darfst du dich nicht entmutigen lassen. Du darfst nicht enttäuscht schweigen und dich zurückziehen. Jesus hat auch zu seiner Lebzeit auf Erden wenig Lob bekommen. Wenig Erfolg gesehen. Er hat andauernd gegen Widerstände angehen müssen. Aber Jesus hat sich Kraft und Trost im Gebet bei seinem Vater geholt. Mach das auch so!

Jesu Licht lässt dich Trost erfahren. Und noch mehr:

2. Jesu Licht lässt dich Sünden erkennen

> Vers 13: „Da sprachen die Pharisäer zu ihm: Du gibst Zeugnis von dir selbst; dein Zeugnis ist nicht wahr.“

Die Pharisäer haben sehr gut verstanden, dass Jesus soeben gesagt hat, dass er der verheißene Messias ist. Aber sie haben nicht gewollt, dass Jesus ihr Messias ist. Darum widersprechen sie Jesus, wo immer sie können. So auch hier. Sie suchen etwas, woran sie anknüpfen können, um zu erklären, dass Jesus nicht der echte Messias ist!

Das tun bis heute die, die in der Finsternis bleiben wollen. Darum kommen wir mit solchen Menschen oft keinen Schritt weiter!
Ein Missionar in Indien hat mit einem Brahmanen gesprochen. Brahmane ist ein Angehöriger der höchsten hinduistischen Kaste. Der Brahmane hat gesagt, dass es gottlos ist, Fleisch zu essen, weil man damit Leben zerstört. Und wer Leben zerstört, der vernichtet seine eigene Seele. Der Missionar hat zu ihm gesagt: „Aber dann müssen sie ihrem Gewissen jedes Mal Gewalt antun, wenn sie Wasser trinken, denn mit dem Wasser verschlingen sie eine große Menge Lebewesen.“ Darauf zeigte ihm der Missionar einen Tropfen Wasser unterm Mikroskop. Der Brahmane hat sich die lebendigen Wesen in dem Tropfen Wasser angeschaut und ist wütend geworden. Voller Wut hat er das Mikroskop zerstört.
So können manche Menschen reagieren, wenn Jesus ihnen die Wahrheit zeigt.

- Die Wahrheit zerstört manche Traditionen.
- Zeigt die verdorbene Lebensweise in der man steckt.

- Zerstört auch den falschen Frieden in dem man sich eingehüllt hat.
- Aber die Wahrheit lädt zu einem neuen Leben mit Jesus ein.

Wer aber Jesus nicht nachfolgen will, der hasst seine Botschaft und damit auch den Boten. Das Gespräch mit solchen Leuten ist äußerst unangenehm. Denn während wir reden, lauern sie auf eine Aussage, die sie ins schiefe Licht stellen können. Oder sie fühlen sich persönlich angegriffen und wehren sich!

Lass dich nicht entmutigen, sondern bete für solche Menschen. Steh zu dem, was die Bibel sagt. So hat es Jesus auch gemacht. Er hat sich nicht enttäuscht und stumm von den Pharisäern zurückgezogen. Er hat auch nicht nach einem Mittelweg gesucht. Er hat vielmehr um sie gerungen!
Das sehen wir auch in unserem Text. Jesus antwortet den Pharisäern liebevoll auf ihre kritische Bemerkung.

> Vers 14: „Jesus antwortete und sprach zu ihnen: Auch wenn ich von mir selbst zeuge, ist mein Zeugnis wahr; denn ich weiß, woher ich gekommen bin und wohin ich gehe; ihr aber wisst nicht, woher ich komme oder wohin ich gehe."

Jesus gibt also zu, dass er von sich selbst **Zeugnis** gibt. Aber welchen Zeugen sollte man denn aufstellen? Welcher Mensch kann sagen, wer Jesus ist? **Woher** er kommt? **Wohin** er geht? Wenn Jesus Gott ist, dann gibt es nun mal keine höhere Autorität, die das bezeugen kann. Jesus muss darum von sich selbst Zeugnis ablegen!

> Vers 15: „Ihr richtet nach dem Fleisch, ich richte niemand."

Jesus sagt damit, dass die Pharisäer nur menschlich urteilen können. Und das ist kurzsichtig und unvollkommen. Aber Gott sei Dank, verurteilt Jesus deswegen keinen. Das tun nur die Gegner mit ihm, weil sie ihn nicht als ihren Messias anerkennen wollen!

Solange Jesus auf Erden gelebt hat, war sein Auftrag zu retten. Nicht zu **richten**. Nicht zu verurteilen. Wer aber Jesus nicht annimmt, der bleibt unter dem Zorn und Gericht Gottes. Das hat Jesus sehr deutlich gesagt Johannes 3,18:
„Wer an mich glaubt, der wird nicht gerichtet; wer aber nicht glaubt, der ist schon gerichtet, denn er glaubt nicht an den Namen des eingeborenen Sohnes Gottes."
Noch leben wir in der Zeit, in der wir uns für Jesus entscheiden können. Aber es wird mal zu spät sein, Jesus anzunehmen!

Jesus warnt die Pharisäer also. Jesus sagt ihnen, dass sie ihn zu schnell verurteilen und richten. Sie lassen Gott gar nicht zu sich reden. Aber Jesus geht mit ihnen nicht so um!

Du brauchst Jesus als dein persönliches Licht, damit du seinen Trost erfährst. Aber auch, damit du deine Sünden erkennst. Und du brauchst Jesus aus einem dritten Grund als dein persönliches Licht:

3. Jesu Licht lässt dich Tatsachen entdecken

> Vers 16: „Wenn ich aber richte, so ist mein Richten gerecht; denn ich bin's nicht allein, sondern ich und der Vater, der mich gesandt hat."

Wenn Jesus über jemanden ein richtendes Urteil fällt, dann ist es kein ungerechtes Urteil. Denn Jesus stimmt immer mit Gott dem **Vater** überein. Das verweist deutlich auf die Tatsache, dass Jesus der verheißene Messias ist!

> Verse 17+18: „Auch steht in eurem Gesetz geschrieben, dass zweier Menschen Zeugnis wahr sei. Ich bin's, der von sich selbst zeugt; und der Vater, der mich gesandt hat, zeugt auch von mir."

Im Gesetz Moses steht geschrieben 5. Mose 19,15:
„Es soll kein einzelner Zeuge gegen jemand auftreten wegen irgendeiner Missetat oder Sünde, was für eine Sünde es auch sei, die man tun kann, sondern durch zweier oder dreier Zeugen Mund soll eine Sache gültig sein."
Und Jesus sagt, dass er zwei höchste Zeugen aufstellen kann. Das ist er **selbst** und Gott der **Vater**. Jeder andere Zeuge nützt in diesem Fall nichts. Weil ein Mensch über die göttliche Herkunft Jesu nichts wissen kann. Nur Jesus und Gott der Vater können darüber Auskunft geben!

Aber wie legt Gott der Vater Zeugnis von Jesus ab?
Auf eine doppelte Art.

- Zum einen durch die Werke die Jesus in Namen Gottes tut.

Jesus sagt in Johannes 5,36:
„Die Werke, die mir der Vater gegeben hat, damit ich sie vollende, eben diese Werke, die ich tue, bezeugen von mir, dass mich der Vater gesandt hat."
Die zweite Art, wie Gott der Vater Zeugnis von Jesus ablegt ist:

- Durch die Prophetie die Jesus erfüllt.

Johannes 5,46: *„Wenn ihr Mose glaubtet, so glaubtet ihr auch mir; denn er hat von mir geschrieben."*
Genau das ist das Zeugnis des Vaters über Jesus. Diese Tatsachen sprechen für sich!

> Vers 19: „Da fragten sie ihn: Wo ist dein Vater? Jesus antwortete: Ihr

> kennt weder mich noch meinen Vater; wenn ihr mich kenntet, so kenntet ihr auch meinen Vater.“

Ja, wer Gott den **Vater kennen**lernen will, der muss zuvor zu Jesus kommen. Von Jesus lernen. Denn Jesus ist die vollendete Gottesoffenbarung. Eben, das Licht der Welt. Wer Jesus nicht kennt, der kennt Gott den Vater nicht. Jeder noch so fromme Weg an Jesus vorbei, führt nicht zu Gott, sondern in die Hölle!

> Vers 20: „Diese Worte redete Jesus an dem Gotteskasten, als er lehrte im Tempel; und niemand ergriff ihn, denn seine Stunde war noch nicht gekommen.“

Damit erklärt der Apostel Johannes, dass er als ein Augenzeuge berichtet. Er spekuliert nicht. Er gibt hier nicht seine private Meinung weiter. Nein, er hat diese Worte mit eignen Ohren gehört. Jesus hat diese Worte am Tempelplatz in Jerusalem gesagt, in der Halle, wo die 13 trompetenförmigen Opferstöcke gestanden sind. Das war der **Gotteskasten**. Da hat Jesus gesagt, dass er das Licht der Welt ist!

Zugleich zeigt der Apostel Johannes, dass die Worte Jesu nicht Freude, sondern Ärger ausgelöst haben. Die Pharisäer hätten ihn am liebsten verhaftet. Aber Gott hat es noch nicht zugelassen. Die **Stunde** für Jesu Passion **war noch nicht gekommen**. Jesus muss noch weiter predigen. Auch wenn seine Predigten massiven Widerstand bewirken!

Der deutsche Philosoph Paul Deussen hat gesagt:
„Die Kraft, die imstande wäre, die Umdrehung unseres Planeten aufzuhalten oder herumzuwerfen in die entgegengesetzte Bahn, müsste wohl eine ganz große kosmische Kraft genannt werden. Und doch ist sie klein im Verhältnis zu der Kraft, die nötig wäre, uns Menschen in unserer selbstsicheren Umdrehung aufzuhalten und uns herumzuwerfen in die entgegengesetzte Bahn.“
Diese Kraft, die größer ist als die kosmische Kraft, hat Gott in die Welt gesandt. Es ist die Person Jesus Christus!

Darum sollte Jesus dein persönliches Licht werden:
- Weil Jesu Licht dich seinen Trost erfahren lässt.
- Weil Jesu Licht dich deine Sünden erkennen lässt.
- Weil Jesu Licht dich Tatsachen entdecken lässt, die über den Verstand gehen.

Johannes 8,21-30

Jesus, wer bist du?

Als Josh McDowell studiert hat, war für ihn Jesus einer von den vielen Religionsführern, die unsinnige Regeln aufgestellt haben, nach denen man leben sollte. Darum hat ihm Jesus nichts bedeutet. Bis er eines Tages in der Mittagszeit mit einer Mitstudentin an einem Tisch gesessen war. Ihm ist aufgefallen, dass sie über das ganze Gesicht strahlt. Er hat sie gefragt, warum sie so fröhlich ist. Ohne lange nachzudenken hat sie gesagt: „Jesus Christus".
Darauf hat er sofort ungehalten gesagt: „Jesus Christus? Um Himmels willen, hör bloß mit diesem Unsinn auf. Ich hab die Nase voll von Religion, von der Kirche und von der Bibel. Lass mich mit deiner Religion in Ruhe!"
Darauf die Studentin unbeeindruckt: „Hör mal - ich hab nicht Religion gesagt, sondern Jesus Christus."
Josh McDowell war verblüfft. Er hat Jesus nie für jemand anders gehalten als für eine Religionsfigur. Und jetzt war er neben einer jungen Frau gesessen, die heiter-beschwingt über Jesus spricht, der ihrem Leben Sinn gegeben hat. Das war der Anstoß. Er hat gesucht, ob es historische Belege gibt, die für den christlichen Glauben sprechen. Und er hat Belege gefunden. Die haben ihn dazu geführt, dass er Jesus als seinen persönlichen Erlöser angenommen hat. Dieser Mann hat später an mehr als 1000 Universitäten Vorträge über den christlichen Glauben gehalten und 115 Bücher geschrieben.

Ja, wer wissen möchte wer Jesus ist, und sich ernsthaft auf die Suche macht, der wird Erstaunliches entdecken. Das bestätigen unzählig viele ehemalige Skeptiker. Und das schon seit 2000 Jahren!

In dem Predigttext heute fragen die Juden Jesus, wer er ist. Und wir bekommen aus seinem Mund erstaunliche Antworten zu hören.

1. Ich bin nicht von dieser Welt

> Verse 21-24: „Da sprach Jesus abermals zu ihnen: Ich gehe hinweg, und ihr werdet mich suchen und in eurer Sünde sterben. Wo ich hingehe, da könnt ihr nicht hinkommen. Da sprachen die Juden: Will er sich denn selbst töten, dass er sagt: Wohin ich gehe, da könnt ihr nicht hinkommen? Und er sprach zu ihnen: Ihr seid von unten her, ich bin von oben her; ihr seid von dieser Welt, ich bin nicht von dieser Welt. Darum habe ich euch gesagt, dass ihr sterben werdet in euren Sünden; denn wenn ihr nicht glaubt, dass ich es bin, werdet ihr sterben in euren Sünden."

Jesus predigt hier mal wieder irgendwo auf dem riesengroßen Tempelplatz in Jerusalem. Und wieder sagt er etwas, das recht geheimnisvoll klingt. Er sagt, dass er **weggeht**. Die Juden werden ihn **suchen**. Finden werden sie ihn nicht. Denn dort, **wo er hingeht, können sie nicht hinkommen**. Sie werden **in ihrer Sünde sterben**.
Was Jesus hier sagt, haben die Juden damals noch nicht verstehen können. Aber Jesus hat es absichtlich so geheimnisvoll gesagt, damit sie über ihn und seine Worte nachdenken. Sie sollen auf Jesus neugierig werden. Sie sollen ihm Fragen stellen. So sollen sie erkennen, dass er ihr von Gott versprochener Retter ist, der sie davor bewahrt, dass sie nicht in ihrer Sünde sterben!

So ist es bis heute. Was in der Bibel steht, kann man nicht immer auf Anhieb verstehen. Manche Leute legen deswegen die Bibel gleich wieder weg. Aber Gott spricht absichtlich so geheimnisvoll in der Bibel. Denn seine Worte sollen dich neugierig machen. Denn erst wenn du neugierig bist, machst du dich auf die Suche. Du stellst dann Fragen und suchst nach Antworten. So wird dir aufgehen, wie weise und tief alles ist, was in der Bibel geschrieben steht. Du bekommst einen Drang immer mehr über Gott zu erfahren und begreifst, warum du Jesus brauchst!

An der spanischen Küste haben mal die Wellen Trümmer von einem deutschen Handelsschiff angespült. Zwischen den Trümmern sind auch einige tote Matrosen gelegen. In der Jacke von einem der Matrosen hat man ein NT gefunden. Auf dem ersten Blatt war handschriftlich Folgendes gestanden:
„Markus Rottmann 1864. Das erste Mal gelesen um der Bitte meiner Schwester Lotte willen. Das zweite Mal gelesen aus Angst um meiner Seele willen. Das dritte und alle die anderen Male aus Liebe zu meinem Heiland Jesus Christus gelesen!"
So ist die Bibel. Je mehr man darin liest, umso mehr bekommt man sie lieb. Schließlich kommt man von ihr nicht mehr weg!

Wer die Bibel und Jesus kennt, der kann das geheimnisvolle Wort, das Jesus hier sagt, ganz gut verstehen. Jesus sagt den Juden, dass er bald am Kreuz sterben wird. Dann werden sie den Leichnam Jesu suchen und nicht finden. Denn Jesus wird auferstehen und in den Himmel gehen. Und da können sie ihm nicht folgen. Denn sie werden ihm den Glauben verweigern und folglich in ihrer Sünde sterben.
Darüber sollten die Juden nachdenken und erschrecken. Und das Erschrecken sollte sie dazu führen, dass sie sich zu Jesus bekehren!

Interessant ist übrigens, dass Jesus sagt, dass sie **in ihrer Sünde** sterben werden, statt in ihren Sünden. Welche Sünde meint Jesus denn?

- Die Sünde, dass sie Jesus ablehnen.

Das ist die eigentliche Sünde, warum man ewig verloren geht!

Das geheimnisvolle Wort Jesu bringt die Juden tatsächlich dazu, dass sie eine Frage stellen. Aber sie richten die Frage nicht an Jesus. Sie rufen einfach frei heraus: „**Will er sich denn selbst töten?** Warum können wir **nicht da hinkommen**, wo er hingeht?" Hier steckt ein Schuss Spott und Ironie mit drin.
Aber Jesus reagiert nicht beleidigt. Er sagt den Juden, warum sie ihm nicht folgen können. Weil sie **von unten her**kommen und Jesus kommt **von oben her**. Sie sind **von dieser Welt** und Jesus ist **nicht von dieser Welt**. Damit sagt er ihnen klar und deutlich, dass er vom Himmel kommt. Er ist der Sohn Gottes. Der verheißene Messias, den sie erwarten!

Zugleich bedeutet das, dass er und sie nicht auf gleicher Ebene stehen. Jesus ist himmlisch und sie sind irdisch. Jesus ist ohne Sünde und sie sind erlösungsbedürftige Sünder. Darum werden sie **in ihren Sünden sterben**.
Ihr merkt vielleicht, dass Jesus jetzt nicht mehr von der Sünde spricht, sondern von den **Sünden**. Das ist kein Zufall, sondern eine tiefsinnige Wahrheit:

- Wer die eine Sünde tut, dass er Jesus ablehnt, dem kann Jesus keine Sünden vergeben, sondern er geht mit allen seinen Sünden in die Ewigkeit!

Die Bibel versteht unter dem **Sterben in Sünden**, dass man für immer fern von der Quelle des Lebens ist. Fern von Gott. Da hört man nicht auf zu existieren, sondern man befindet sich an einem furchtbaren Ort. Über diesen Ort sagt Jesus Markus 9,43:
„Es ist besser für dich, dass du verkrüppelt zum Leben eingehst, als dass du zwei Hände hast und fährst in die Hölle, in das Feuer, das nie verlöscht."
Und in Markus 9,48 sagt Jesus:
„Wo ihr Wurm nicht stirbt und das Feuer nicht verlöscht."
Genau darum ist Jesus zu uns gekommen. Weil er uns vor diesem schrecklichen Ort retten will. Und uns zu sich, in sein ewiges Reich aufnehmen will. Von diesem Reich sagt uns die Bibel Offenbarung 21,4:
„Gott wird abwischen alle Tränen von ihren Augen, und der Tod wird nicht mehr sein, noch Leid, noch Geschrei, noch Schmerz wird mehr sein."
Damit du und ich in diesem wunderbaren Reich Gottes leben können, darum ist Jesus zu uns gekommen!

Ja, in Jesus ist Gott persönlich zu uns gekommen. Das sagt Jesus den Juden hier. Uns fällt das nicht auf, aber den Juden ist bestimmt etwas aufgefallen. Nämlich an dem Satz: **„Wenn ihr nicht glaubt, dass ich es bin, werdet ihr sterben in euren Sünden."** Diese Worte haben die

Juden an Jesaja 43,10 denken lassen. Dort sagt Gott:
„Damit ihr wisst und mir glaubt und erkennt, dass ich es bin."
Jesus sagt wortwörtlich dasselbe, was Gott in Jesaja sagt: **„Dass ich es bin."** Jesus bezeichnet sich also mit dem alttestamentlichen Gottesnamen. Jesus sagt hier: „Ich bin der Gott Israels! Wer an mich glaubt, der wird nicht mehr in seinen Sünden sterben. Nicht mehr an den Ort der ewigen Verdammnis kommen!"
Wenn die Juden wollen, werden sie über dieses Wort nachdenken. Und sie werden zu einer großen Erkenntnis kommen. Schließlich werden sie dann doch dort hingehen, wo Jesus hingeht. Aber wollen sie über das Wort Jesu nachdenken?

Jesus gibt den Juden noch eine Antwort, wer er ist:

2. Ich bin das, was ich euch sage

> Vers 25: „Da fragten sie ihn: Wer bist du denn? Und Jesus sprach zu ihnen: Zuerst das, was ich euch auch sage."

Die Juden haben sicher verstanden, worauf sie Jesus hingewiesen hat, als er gesagt hat: „Dass ich es bin". Nämlich, dass er Gott ist. Da haken sie natürlich gleich nach. Sie wollen klar und deutlich aus seinem Mund hören: „Ich bin euer Gott." Aber Jesus beantwortet ihre Frage anders, als sie es erwartet haben. Er sagt: **„Zuerst das, was ich euch auch sage."** Mit anderen Worten: „Ihr habt mich ganz gut verstanden. Genau das bin ich!"
Der Satz ist allerdings im griechischen Urtext so geschrieben, dass man auch übersetzen kann: „Was rede ich überhaupt noch mit euch?" Damit würde Jesus dasselbe zum Ausdruck bringen: „Ich habe euch gesagt wer ich bin. Ihr habt es verstanden. Warum soll ich es euch noch weiter erklären?"
Jesus wiederholt sich also nicht. Er verweist nur darauf, was er bisher schon gesagt hat. Das sollen sie prüfen und glauben!

Bis heute wird uns Jesus keine neuen Antworten geben. Was er einmal gesagt hat, das reicht. Das kann man in der Bibel nachlesen. Jesus kann nur durch sein Wort erkannt werden. Wer aber sein Wort nicht annimmt und immer weiter Fragen stellt, der zerredet alles Gesagte. So ein Mensch wird Jesus nie erkennen!

Zur Zeit von Martin Luther haben manche Mönche zugegeben, dass Vieles, was Martin Luther sagt, wahr ist. Aber weil Martin Luther ein abtrünniger Mönch war und eine derbe Sprache gesprochen hat, haben sie das, was er gelehrt hat, nicht angenommen.
Bis heute ist das so. Das Wort Gottes wird manchmal nicht nach dem Inhalt, sondern nach Vorurteilen beurteilt: „Ich mag den Pastor nicht. Ich mag den Christen / die Christin nicht. Sie sind mir unsympathisch. Darum

können sie mir mit ihrer christlichen Botschaft gestohlen bleiben!“
Wenn du so etwas erlebst, dann nimm es dir nicht zu Herzen. Denk daran, Jesus und vielen anderen ist es auch so gegangen. Leb nur weiter entspannt als Christ und sag an wen du glaubst. Alles andere übernimmt dann Jesus für dich!

Schau mal, was Jesus weiter sagt, Verse 26+27:

> „Ich habe viel von euch zu reden und zu richten. Aber der mich gesandt hat, ist wahrhaftig, und was ich von ihm gehört habe, das rede ich zu der Welt. Sie verstanden aber nicht, dass er zu ihnen vom Vater sprach.“

Mit anderen Worten sagt Jesus den Juden: „Statt dass ich euch immer das Gleiche über mich sage, müsste ich über euch reden. Ich könnte über jeden von euch ein Gottesurteil sprechen. Aber ich bin von Gott dem Vater beauftragt euch das zu sagen, was er mir sagt!“
Zu der Zeit sollte Jesus den Juden noch nicht alles sagen. Der Vater hat gewollt, dass Jesus den Juden kleine Portionen anbietet. Das sollte ihnen vorerst reichen. Nach seiner Auferstehung werden größere Portionen folgen. Jetzt sollen sie erstmal wissen, dass in Jesus Gott zu ihnen gekommen ist. Dass sie Jesus annehmen müssen, damit sie nicht in ihren Sünden sterben!

Aber die Juden verstehen Jesus nicht. Sie kommen nicht dahinter, dass es der wahrhaftige Gott ist, der Jesus gesandt hat. Dass alles, was Jesus sagt, Gottes Worte sind. Und warum kommen sie nicht dahinter?

- Weil sie Jesus nicht richtig zuhören.
- Weil sie ein falsches Bild von Gott und dem Messias haben.
- Weil sie Vorurteile gegen Jesus haben.

Und das, obwohl sie die heiligen Schriften gut kennen!

Das ist eine Warnung auch an uns heute. Wer sich seine eigenen Vorstellungen von Gott macht und sich nicht ernsthaft mit der Bibel beschäftigen will, der kennt Gott nicht. Wer seine eigenen Vorstellungen Jesus nicht abgeben will und Jesus in sein Leben nicht aufnehmen will, der treibt am Ziel vorbei. Er wird in seinen Sünden sterben, wie Jesus es hier ankündigt!

Am 11. September 2001 war ein Mann im 92. Stock im Südturm des World Trade Centers. Er hat gesehen, wie ein Flugzeug in den Nordturm reingeflogen ist. Fassungslos hat er die Polizei angerufen und gefragt, was er tun soll. Man hat ihm gesagt, dass er nichts weiter tun braucht. Evakuieren braucht man den Südturm nicht. Wenig später ist ein zweites

Flugzeug angeflogen gekommen und ist in den 80. Stockwerk des Südturms geflogen. Fast alle der 600 Menschen in den oberen Stockwerken des Südturms sind ums Leben gekommen. Dass der Südturm nicht evakuiert worden ist, war eine der größten Tragödien an diesem Tag.
Die 600 Menschen sind gestorben, weil sie falschen Informationen vertraut haben. Hätten die 600 Menschen richtige Informationen bekommen, hätten sie die Tragödie überlebt!

Hör darum auf Jesus! Gib ihm deine Sünden ab und lass ihn dein Leben regieren! Das ist die Botschaft, vom himmlischen **Vater**, der **wahrhaftig** ist. Er hat Jesus zu uns **gesandt**. Und Jesus hat treu das gesagt und getan, was der wahrhaftige Vater gewollt hat. Eine Alternative gibt es nicht!
Und das ist es auch , was uns Jesus als drittes sagt, wer er ist:

3. Ich bin der, der Gottes Willen tut

> Verse 28-30: „Da sprach Jesus zu ihnen: Wenn ihr den Menschensohn erhöhen werdet, dann werdet ihr erkennen, dass ich es bin und nichts von mir selber tue, sondern, wie mich der Vater gelehrt hat, so rede ich. Und der mich gesandt hat, ist mit mir. Er lässt mich nicht allein; denn ich tue allezeit, was ihm gefällt. Als er das sagte, glaubten viele an ihn."

Jesus kündigt den Juden hier an, dass sie ihn **erhöhen** werden. Er meint damit, dass sie ihn ans Kreuz hängen werden. Am Kreuz wird er erhöht, also hochgehängt!

Dann sagt Jesus, dass die Juden **erkennen werden**, wen sie da am Kreuz erhöht haben. Sie werden in Jesus ihren Gott erkennen. Und zugleich werden sie begreifen, dass Jesus alles getan hat, was dem **Vater** gefällt.
Stimmt das, haben das die Juden nach der Kreuzigung Jesu erkannt?

- Leider nicht.

Sie werden das alles erst am Ende der Tage erkennen. So ist es in Sacharja 12,10 angekündigt:
„Sie werden mich ansehen, den sie durchbohrt haben, und sie werden um ihn klagen."
Jesus sagt den Juden in Matthäus 23,39:
„Denn ich sage euch: Ihr werdet mich von jetzt an nicht sehen, bis ihr sprecht: Gelobt sei, der da kommt im Namen des Herrn!"
Und Paulus enthüllt das spannende Geheimnis in Römer 11,25+26:
„Ich will euch, liebe Brüder, dieses Geheimnis nicht verhehlen, damit ihr euch nicht selbst für klug haltet: Verstockung ist einem Teil Israels widerfahren, so lange bis die Fülle der Heiden zum Heil gelangt ist; und so wird ganz Israel gerettet werden."
Jesus sagt hier also den Juden etwas, das sich erst in Zukunft erfüllen wird.

Es wird der Tag kommen, an dem alle Juden erkennen werden, dass Jesus ihr verheißener Messias ist. Und sie werden sich zu Jesus bekehren.
Aber bis dahin sind es auf der ganzen Welt immer nur einzelne Menschen, die zu dieser großartigen Erkenntnis kommen. Sie begreifen, dass sie Sünder sind und deshalb Jesus brauchen. Und jeder, der das begreift, bekommt die Weisheit Gottes geschenkt. Ihm werden geistliche Dinge so klar und selbstverständlich, dass er keine grundlegenden Fragen mehr stellen wird!

So wie Jesus völlig klar war, dass ihn sein himmlischer Vater **nicht allein lässt**, so weiß sich ein Kind Gottes in Jesus geborgen. So wie Jesus **allezeit** das getan hat, was dem Vater im Himmel **gefällt**, so will ein Kind Gottes Jesus gefallen. Dabei geht noch manches schief. Aber das macht nichts. Ein Kind kann noch nicht vollkommen sein. Hauptsache es wächst und entwickelt sich!
So wie Jesus mit seinem Vater verbunden war und alles von ihm bekommen hat, so ist auch ein Kind Gottes mit Jesus verbunden und bekommt alles von ihm!

Am Berg der Verklärung hat der himmlische Vater zu Jesus gesagt:
„Dies ist mein lieber Sohn, an dem ich Wohlgefallen habe“ (Matthäus 17,5). Jeder von euch, der ein Kind Gottes ist, darf jetzt mal die Augen schließen und sich vorstellen: Du stirbst und die Engel Gottes bringen dich vor den himmlischen Thron. Jesus schaut dich an und sagt zum Vater und dem Heiligen Geist: „Das ist mein geliebter Sohn an dem ich Wohlgefallen habe!“ „Das ist meine geliebte Tochter, an der ich Wohlgefallen habe!“ Was wird das für ein erhabener Empfang sein!
Darum lebe als ein Sohn Gottes bzw. als Gottes Tochter! Jesus gibt dir gern alle seine Kraft und Ausrüstung dazu. Du musst ihn nur bitten, wenn dir etwas fehlt. Er wird machen, dass du dir zu jeder Zeit sicher sein kannst, dass du den Willen Gottes tust. Genauso, wie sich Jesus zu jeder Zeit sicher war, dass er das tut, wozu ihn sein Vater beauftragt hat!

Wie schön, dass im Vers 30 steht, dass durch dieses Wort, viele Juden an Jesus gläubig geworden sind. Obwohl das Gespräch von spöttischen und ironischen Zwischentönen begleitet war. Das hat aber nichts zerstört. Das Wort Jesu hat gewirkt und den Glauben geweckt!

Bis heute ist es das Wort Gottes, das das Herz der Menschen für den Glauben öffnet. Vertraue darauf!

Bono, der Sänger der Musikgruppe U2, hat mal gesagt: „Ich habe ziemlich viel Dummes angestellt. Ich hätte ein großes Problem, wenn Karma mein letzter Richter wäre ... Ich vertraue darauf, dass Jesus meine Sünden mit aufs Kreuz nahm. Ich hoffe, dass ich mich nicht auf meine eigene

Religiosität verlassen muss.“
Das ist wahr. Verlass dich nicht auf dein Gutes tun und auch nicht auf deine Religion. Geh zu Jesus und rede mit ihm, wie die Juden in dem heutigen Text geredet haben. Frage ihn: „Jesus, wer bist du?“ Und dir wird bald klar:

- Jesus ist nicht von dieser Welt.

Jesus ist der Sohn Gottes, der dich vor der ewigen Hölle retten will und dich zu sich, in sein ewiges Reich nehmen will.

- Jesus ist das, was er uns in der Bibel sagt.

Du kannst selber die Bibel lesen und dich überzeugen, wer Jesus ist. Sein Wort wird zu dir sprechen, wenn du offen bist.

- Jesus ist der, der Gottes Willen tut.

Wenn du Jesus hast, dann gibt er dir alles, damit du imstande bist Gottes Willen zu tun.
Das ist Jesus!

Johannes 8,31-45

Wie wird man von Vorurteilen frei?

Ein Reisender kommt zu dem griechischen Dichter Äsop und fragt: „Sag mir, guter Mann, wie sind denn die Leute in Athen? Kann man ihnen trauen und mit ihnen auskommen?“ Darauf fragt Äsop den Reisenden: „Sag du mir zuerst, wo kommst du her, und wie sind die Leute dort?“ Der Reisende antwortet: „Ich komme aus der Stadt Argos. Die Menschen dort sind schlecht. Alles Lügner, faule Bäuche und Tagediebe. Sie streiten sich den ganzen Tag. Und ich bin froh, endlich dort wegzukommen!“ Darauf Äsop: „Schade, guter Mann, dass ich dich enttäuschen muss. Du wirst die Leute in Athen nicht anders finden als die in Argos, von wo du gerade herkommst!“
Einige Tage später kommt wieder ein Reisender und fragt den Äsop nach den Leuten in Athen. Äsop erkundigt sich auch bei ihm nach seiner Herkunft und nach den Leuten seiner Stadt. Der Mann sagt: „Ich komme aus Argos. Die Leute dort sind sehr freundlich. Ich mag sie gut leiden. Eigentlich bin ich ganz ungern von dort weggegangen.“ Äsop lächelt und sagt schmunzelnd: „Guter Freund, ich freue mich, dir sagen zu können, dass die Leute in Athen genauso freundlich sind. Du wirst gut mit ihnen auskommen und dich dort sehr bald wohl fühlen!“

Diese alte griechische Fabel zeigt uns sehr gut, was für eine Wirkung unsere Vorurteile haben. Das Bild, das man in sich trägt, mit dem Bild beurteilt man seine Umwelt und seine Mitmenschen. Wenn jemand ein negatives Vorurteil über dich hat, der wird dich ständig kritisieren. Du kannst dich verhalten wie du willst, er wird es dir immer negativ auslegen. Und die Leute, die ein positives Vorurteil über dich haben, machen es genau umgekehrt. Du kannst ganz verkehrte Dinge tun und dummes Zeug reden, sie werden immer etwas Positives dabei finden!

Genau das passiert in unserem Predigttext heute. Hier stehen Menschen vor uns, die für Jesus offen sind. Aber auch Menschen, die für Jesus verschlossen sind. Und in dem Gespräch merkt man, dass es keine echte sachliche Diskussion ist. Denn egal, was Jesus sagt, seine Gegner legen ihm alles zu seinem Ungunsten aus.

Einen Menschen von seinen Vorurteilen abzubringen, ist sehr schwer. Albert Einstein soll gesagt haben: „Es ist leichter einen Atomkern zu spalten, als ein menschliches Vorurteil.“
Aber vielleicht ist es nicht ganz so tragisch. Es gibt nämlich etwas, das Vorurteile beseitigen kann:

- Es ist die Wahrheit.

Darauf verweist Jesus in diesem Gespräch hier.

1. Die Wahrheit beseitigt die Vorurteile

> Verse 31+32: „Da sprach nun Jesus zu den Juden, die an ihn glaubten: Wenn ihr bleiben werdet an meinem Wort, so seid ihr wahrhaftig meine Jünger und werdet die Wahrheit erkennen, und die Wahrheit wird euch frei machen.“

Jesus spricht schon länger **zu den Juden** auf dem Tempelplatz in Jerusalem. Einige Juden ärgern sich über das, was Jesus predigt. Andere wiederum nehmen die Worte Jesu an. Sie **glauben**, dass Jesus von Gott kommt und den Willen Gottes erfüllt. Genaueres wissen sie noch nicht. Aber sie sind offen für das, was Jesus sagt.
Diese Juden ermutigt jetzt Jesus und sagt ihnen drei Dinge:

1. Sie sollen an seinem **Wort bleiben**.
2. Durch sein Wort werden sie **die Wahrheit erkennen**.
3. Die Wahrheit wird bewirken, dass sie **frei** werden.

So sieht der Glaube an Jesus aus!

Bist du also ein Jünger Jesu, dann frage: „Was steht in der Bibel?“ und richte danach dein Leben aus! Wichtig ist dabei, dass du alles, was in der Bibel steht annimmst. Nicht nur das, was dir gefällt. Nicht nur das, womit du nirgends aneckst. In der Bibel stehen nun mal Dinge, die heute nicht gern gehört werden. Da steht z. B.,

- dass alle Menschen hoffnungslos in der Sünde verstrickt sind und zu Gott nicht kommen können.
- Dass nur Jesus allein von aller Sünde befreien und zu Gott führen kann und sonst niemand und nichts.
- Dass es eine Auferstehung zum ewigen Leben und zum ewigen Verderben gibt.
- Dass es einen Teufel gibt und er uns ständig angreift und im Denken und Handeln beeinflusst.
- Dass uns nur die Bibel Auskunft über Gott und das Jenseits geben kann und alle anderen Quellen keinen Wert haben.

Da gehen die Gemüter hoch, wenn so was gesagt wird!
Jesus sagt aber: „Willst du mein Jünger sein? Willst du wirklich ein Christ sein? Dann bleib bei dem, was ich sage. Dann wirst du begreifen, was **Wahrhei**t ist!“

Die Wahrheit ist Person geworden. Darum können wir die Wahrheit an der Person Jesu kennenlernen. Und auch ganz praktisch erfahren. Wer Jesus aber ablehnt, - der kann sehr intelligent sein. Und auch viel wissen und begreifen. Aber die Wahrheit hat er nicht erkannt. Denn die Wahrheit ist mehr als eine Sammlung von sachlichen Informationen. Die Wahrheit empfängst du, wenn du dich Jesus hingibst. Jesus in deinem Leben Raum gibst. So wirst du **frei** werden!

Frei wird ein Mensch erst, wenn er von seiner Schuld befreit wird. So wird man frei von der Macht des Teufels, der Hölle und des Todes. Um diese Freiheit geht es Jesus. Genau diese Freiheit hat Jesus für uns Menschen am Kreuz geschaffen. Darum ist jede Freiheit, die ohne Jesus angeboten wird, keine wirkliche Freiheit. Denn die Sünde holt uns immer wieder ein und nimmt uns gefangen. Wir brauchen darum ständig Vergebung von Jesus. Die Befreiung von Sünden!
Wer diese Freiheit findet, der hat nicht einfach nur ein positives Vorurteil von Jesus, sondern er hat die Wahrheit erfasst!

Das hat Jesus zu denen gesagt, die an ihn geglaubt haben. Kaum hat er es ausgesprochen, da melden sich auch schon die, die Jesus nicht anerkennen wollen. Sie sind voll von negativen Vorurteilen.

2. Die Vorurteile beseitigen die Wahrheit

> Verse 33-36: „Da antworteten sie ihm: Wir sind Abrahams Kinder und sind niemals jemandes Knecht gewesen. Wie spricht du dann: Ihr sollt frei werden? Jesus antwortete ihnen und sprach: Wahrlich, wahrlich, ich sage euch: Wer Sünde tut, der ist der Sünde Knecht. Der Knecht bleibt nicht ewig im Haus; der Sohn bleibt ewig. Wenn euch nun der Sohn frei macht, so seid ihr wirklich frei.“

Hier melden sich die Juden zu Wort, die Vorurteile gegen Jesus haben. Sie sagen: „Wir brauchen doch nicht **frei werden**. Wir sind doch **Abrahams** Nachkommen. Darum sind wir mit Gott verbündet.“ Sie haben gedacht, dass die biologische Abstammung vom Abraham sie rettet. Das war ein ganz falscher Glaube!

Aber so wie die Juden damals gedacht haben, so denken viele noch heute. Sie sagen: „Ich brauch nicht frei werden, den ich bin evangelisch! Ich bin getauft! Meine Eltern haben mich christlich erzogen!“
Wie soll Jesus einen Menschen frei machen, solange er nicht anerkennen will, dass er gefangen ist? Dass er von der Sünde angetrieben wird? Wer das nicht anerkennt, der meint natürlich, dass er ein guter Mensch ist. Er kann sich auf Vieles berufen, das in seinem Leben gut ist. Auch auf die Rituale und Zeichen, die er in seiner Kirche empfangen hat. So ein Mensch merkt gar nicht, dass das seine Götzen sind. Sie halten ihn gefangen und halten ihn von der Wahrheit ab!

Das war den Menschen damals schwer beizubringen und heute genauso.

Der Mensch rechtfertigt sich sobald du ihm versuchst klar zu machen, dass er nicht frei ist, sondern ein Diener der Sünde ist. Dass hinter seinen guten Werken lauter Egoismus steckt. Dass er gar nicht Gott liebt, sondern sich selbst. Dass sein Gottesbild nicht mit der Bibel übereinstimmt. Dass die Rituale und Zeichen der Kirche wertlos sind, wenn er keine persönliche Beziehung zu Jesus hat. Dass er Jesus, als seinen persönlichen Erlöser annehmen muss.
Der Mensch will die Wahrheit einfach nicht hören. Er will die Freiheit gar nicht. Er meint vielmehr, dass er frei ist, wenn er tun kann was er will!
Aber kann der Mensch überhaupt tun was er will? Mal Hand aufs Herz:

- Bin ich frei, wenn ich abends meine Flasche Bier brauche, weil ich mich sonst nicht wohl fühle?
- Bin ich frei, wenn ich mir die dritte Schokolade reindrücke, obwohl ich mir vorgenommen hab nur ein Stückchen zu essen?
- Bin ich frei, wenn ich meine schlechte Laune an meinen Mitmenschen auslasse, die ich eigentlich gern hab, an Eltern, Geschwistern, Freunden?
- Bin ich frei, wenn ich über andere schlecht rede, obwohl ich mir vorgenommen hab es nicht mehr zu tun?

Wer die Wahrheit an sich heran lässt, der merkt wie gebunden er ist!

Aber die Wahrheit will dich nicht quälen. Die Wahrheit will dich in die Freiheit führen. Lass darum Jesus an dir arbeiten!

Die Freiheit bringt Jesus und nicht Abraham. Jesus und nicht die Kirche. Jesus und nicht die Liebenzeller Gemeinschaft. Freiheit gibt es nur, wenn man sich an Jesus bindet. Du bist frei, wenn du dein Gewissen mit dem Wort der Bibel sensibilisierst. Dann hast du deine wahre Lebensbestimmung gefunden. Dann bist du das, was du in deinem Innern sein willst!

Stell dir mal einen Obdachlosen vor. Ist er frei? Es sieht ganz danach aus, denn er kann seine Wege frei wählen und seine Tage nach Lust und Laune gestalten. Er lebt völlig unbeschwert mit einigen Plastiktüten und dem Allernötigsten für unterwegs. Er kann sich jeden Abend eine andere Parkbank als Nachtlager aussuchen, oder unter einer Brücke Schutz suchen. Er muss sich nicht nach der Uhr ausrichten. Er muss sich um keinen Termin kümmern. Er braucht keine Steuern zahlen. Er braucht kein Konto verwalten. Er muss kein Haus in Ordnung halten und keinen Garten pflegen. Vor nörgelnden Vorgesetzten muss er keine Angst haben. Lustlose Arbeiter muss er auch nicht antreiben.
Das klingt auf den ersten Blick verlockend. Aber nein, so ein Mensch ist nicht frei. Denn er ist auf sich allein gestellt. Seine Freiheit gibt ihm keine Geborgenheit. Er ist einsam!

Beim Axel Kühner hat mal ein Obdachloser an der Tür geklingelt. Er hat um Brot und Kaffee gebeten. Axel Kühner hat ihn herein gebeten. Während er gegessen hat, haben sie sich unterhalten. Der kleine 4 jährige Michael ist hinter dem Papa gestanden und hat ängstlich den Mann mit seinem wilden Rauschebart beobachtet. Der Obdachlose hat auch den Jungen beobachtet, wie er sich am Vater festhält und immer wieder hinter ihm rausschaut. Irgendwann ist der Obdachlose aufgestanden. Eine Träne ist ihm in den Bart gerollt. Dann hat er gesagt: „Junge, du hast es gut, du hast einen Vater und hast ein Zuhause. Das hab ich nicht!"
Ja, ohne Jesus und seiner Liebe sind wir Menschen nicht frei. Denn wir sind heimatlos und verloren!

Wer bei seinen Vorurteilen gegen Jesus bleibt, der wird nie verstehen, was Freiheit ist. Die ganze Diskussion mit und über Jesus bleibt leer und hohl. Schaut euch nur mal die leere Diskussion in unserem Text an. Jesus sagt, Verse 37-43:

> „Ich weiß wohl, dass ihr Abrahams Kinder seid; aber ihr sucht mich zu töten, denn meine Worte finden bei euch keinen Raum. Ich rede, was ich von meinem Vater gesehen habe; und ihr tut, was ihr von eurem Vater gehört habt. Sie antworteten und sprachen zu ihm: Abraham ist unser Vater. Spricht Jesus zu ihnen: Wenn ihr Abrahams Kinder wärt, so tätet ihr Abrahams Werke. Nun aber sucht ihr mich zu töten, einen Menschen, der euch die Wahrheit gesagt hat, wie ich sie von Gott gehört habe. Das hat Abraham nicht getan. Ihr tut die Werke eures Vaters. Da sprachen sie zu ihm: Wir sind nicht unehelich geboren; wir haben einen Vater: Gott. Jesus sprach zu ihnen: Wäre Gott euer Vater, so liebtet ihr mich; denn ich bin von Gott ausgegangen und komme von ihm; denn ich bin nicht von selbst gekommen, sondern er hat mich gesandt. Warum versteht ihr denn meine Sprache nicht? Weil ihr mein Wort nicht hören könnt!"

Jesus gibt den Juden Recht. Sie sind **Kinder Abrahams**. Wenn sie aber ihre Vorurteile über Jesus behalten, dann nützt es ihnen nichts. Dann sind sie nicht anders, als die ungläubigen Heiden.
Jesus wirbt darum, dass sie sein **Wort** annehmen. Denn was er sagt, das sind nicht seine privaten Ansichten, sondern er gibt ihnen Gottes Wort weiter. Abraham hat das Wort Gottes angenommen und befolgt. Er hat sich mit dem, was ihm Gott gesagt hat, nicht leicht getan. Es hat ihn ganz schön herausgefordert. Er war aber dem Wort Gottes gehorsam. Die Folge davon war ein großer Segen!

Aber die Juden hier im Text handeln nicht wie Abraham. Sie lehnen Jesus ab. Warum? Jesus sagt klipp und klar warum im Vers 37: **„Denn mein**

Wort findet bei euch keinen Raum.“ Und im Vers 43: **„Weil ihr mein Wort nicht hören könnt.“** Mit anderen Worten:

- Weil sie bei ihren Vorurteilen bleiben wollen, darum können sie die Wahrheit nicht ertragen!

Ob einer die Wahrheit verstehen kann oder nicht, das liegt in seiner persönlichen Entscheidung!

Das erlebst du doch sicher manchmal auch. Du erklärst einem, warum er Jesus braucht, und der andere versteht es einfach nicht. Du fragst dich: „Was mach ich falsch? Wie soll ich es ihm nur erklären?“ Dabei liegt das Problem gar nicht bei dir, sondern bei dem andern. Er wehrt sich gegen die Wahrheit. Er ist gefangen in seinen eigenen Wünschen und Vorstellungen. Es passt ihm gar nicht, dass du ihn da herausholen willst. Er will darin gefangen bleiben!

Viele Menschen bauen eine Mauer um sich herum und wollen nicht, dass Jesus bestimmte Dinge in ihrem Leben aufdeckt. Sie denken: „Die Wahrheit tut zu sehr weh. Ich kann sie nicht ertragen!“
Aber Jesus sagt: „Gerade die Wahrheit ist das Mittel, das dich heilt und dir dann weiter hilft. Öffne dich der Wahrheit und du wirst in die Freiheit geführt. Die Wahrheit wird alle deine Verletzungen heilen!“

Hör nicht auf für die zu beten, die die Wahrheit nicht hören wollen. Denn Jesus liebt sie. Es gibt Hoffnung für sie!

Den tiefsten Grund, weshalb sich die Menschen gegen die Wahrheit wehren, deckt Jesus in den Versen 44+45 auf. Es ist erschreckend, aber wahr, was Jesus hier sagt.

> „Ihr habt den Teufel zum Vater, und nach eures Vaters Gelüste wollt ihr tun. Der ist ein Mörder von Anfang an und steht nicht in der Wahrheit; denn die Wahrheit ist nicht in ihm. Wenn er Lügen redet, so spricht er aus dem Eigenen; denn er ist ein Lügner und der Vater der Lüge. Weil ich aber die Wahrheit sage, glaubt ihr mir nicht.“

Das sagt Jesus ausgerechnet denen, die sehr fromm leben. Aber Jesus deckt ihnen die verborgenen Zusammenhänge auf. Er sagt ihnen: „Ihr wehrt euch gegen meine Worte, weil euer geistlicher Vater nicht Abraham und auch nicht Gott ist, sondern der **Teufel**. Euer Vater ist der Feind Gottes, der Feind des Lebens und der Feind der Wahrheit!“

Bis heute ist es der Teufel, der die Menschen daran hindert, Jesus anzunehmen. Wegen dem Teufel hören die Menschen nicht auf das Wort Gottes. So sagt es auch der Apostel Paulus im 2. Korinther 4,3+4:
„Ist nun aber unser Evangelium verdeckt, so ist´s denen verdeckt, die

verloren werden, den Ungläubigen, denen der Gott dieser Welt den Sinn verblendet hat, dass sie nicht sehen das helle Licht des Evangeliums."
Ja, es gibt die Macht des Bösen in der unsichtbaren Welt. Und diese Macht tut alles, um uns von der Wahrheit abzuhalten!

Du aber lass dich nicht beirren. Hör auf die Botschaft der Freiheit, die allen Menschen gilt. Du musst nicht mehr ein Sklave der Lüge und der Sünde sein. Nimm die Freiheit an, die Jesus dir bietet!

In den Jahren 1861-1865 haben sich in den USA die Südstaaten und die Nordstaaten bekriegt. Es war der sogenannte Sezessionskrieg. Schließlich haben die Nordstaaten über die Südstaaten gesiegt. Die Folge war, dass die schwarzen Sklaven in den Südstaaten frei geworden sind.
Gleich nach dem Krieg hat sich eine schwarze Frau aus den Nordstaaten auf eine Reise in den Süden gemacht, um ihre Freundin zu besuchen. Als sie angekommen ist, hat sie festgestellt, dass sie immer noch als Sklavin dient. Sie hat ihrer Freundin gesagt: „Weißt du denn nicht, dass ein Gesetz erlassen ist, dass jetzt alle frei sind?" Darauf die Freundin: „Ja, ich habe davon gehört und ich habe meinem Herrn gesagt, dass ich höre, dass wir alle frei sind. Aber mein Herr sagt: Dummes Zeug. Totaler Unsinn! Darum bin ich geblieben und arbeite für meinen Herrn." Da sagt die Frau: Das ist doch gar nicht wahr, was der Mann dir sagt. Alle Sklaven sind jetzt frei!" Die Freundin ruft entzückt: „Dann muss ich meinem Herrn also gar nicht mehr weiter dienen. Ich kann ihm Lebewohl sagen!"
Ja, so einfach ist es. Wenn du das annimmst, was in der Bibel steht, dann nimmst du die Wahrheit an. Du brauchst dann dem Teufel nicht mehr länger zu Diensten sein. Du darfst ihm kündigen und dich von ihm verabschieden!

Leg deine Vorurteile zur Seite und glaub allem, was die Bibel sagt. Von der ersten bis zur letzten Seite. Bleib dabei, und hör nicht auf die, die sagen, dass das alles Unsinn sei. Die Bibel ist Gottes Wort. Gottes Wort ist die Wahrheit. Und die Wahrheit macht dich frei. Mit dieser Freiheit wirst du lernen die Vorurteile gegen deine Mitmenschen abzulegen. Du wirst lernen sie in ihrem Anderssein zu verstehen und sie annehmen wie sie sind. So wirst du ganz frei denen begegnen können, die ganz anders sind als du. Denn wer die Wahrheit hat, der ist durch und durch frei!

Johannes 8,46-59

Ist Jesus Gott?

Euch sind sicher schon mal die sogenannten Kippbilder begegnet. Es ist ein Bild, in dem man zwei ganz unterschiedliche Bilder sehen kann. So etwa kann man sich vielleicht unseren dreieinigen Gott vorstellen. Es ist ein Gott, in dem man drei Personen erkennen kann.

Die Dreieinigkeit macht unseren christlichen Glauben kompliziert. Manche meinen, dass wir endlich mal aufhören sollten den christlichen Glauben so kompliziert zu machen. Wenn wir die Lehre von der Dreieinigkeit aufgeben würden, dann würden sich die Leute mit dem Glauben viel leichter tun.
Ja, das würden wir bestimmt so machen, wenn wir uns Gott selbst ausdenken würden. Aber Gott ist nicht ein Produkt, der im menschlichen Gehirn entstanden ist. Gott ist eine Tatsache. Man kann ihn nur so beschreiben, wie er sich uns geoffenbart hat!

Weil Gott uns liebt, hat er sich uns Menschen gezeigt. Er möchte, dass wir uns mit ihm beschäftigen. Ihn erforschen. Und immer mehr lieb gewinnen. Und dazu können wir nur das benutzen, was uns Gott von sich gezeigt hat. Das finden wir heute der Bibel. Unsere Vorstellung von Gott, muss sich allein auf die Bibel gründen!

Das beste Bild, das wir von Gott haben, ist Jesus Christus. Jesus sagt selbst, in Johannes 14,9:
„Wer mich sieht, der sieht den Vater!“
In Jesus sehen wir also Gott. Und an Jesus sehen wir, dass Gott uns sehr liebt. Denn er hat als wahrer Mensch unter uns gelebt.

- Er hat wie wir gehungert und gedürstet.
- Er hat getrauert und geweint.
- Er hat gelitten und ist gestorben.

Auf der anderen Seite hat Jesus Dinge getan, die nur Gott tun kann:

- Er hat Menschen von unheilbaren Krankheiten geheilt.
- Naturgesetze außer Kraft gesetzt.
- Tote auferweckt.
- Er hat Gedanken lesen können.
- Er hat über Menschen Bescheid gewusst, die ihm noch nie zuvor begegnet sind.
- Er hat beansprucht Sünden zu vergeben.
- Und immer wieder hat er auf die vollkommene Einheit zwischen ihm und seinem Vater hingewiesen.

Ja, Jesus möchte, dass wir beides in ihm sehen. Den wahren Menschen und den wahren Gott!

Der heutige Text ist der letzte Abschnitt einer langen Unterhaltung Jesu mit den Juden. Jesus versucht ihnen klar zu machen, wer er ist. Aber die Juden sehen nur die menschliche Seite Jesu. Die göttliche Seite wollen sie einfach nicht gelten lassen. Und jetzt, am Ende seiner Rede, wird Jesus sehr deutlich. Er liefert den Juden 3 Hinweise, dass der lebendige Gott vor ihnen steht.

1. Weil er ohne Sünde ist

> Verse 46+47: „Wer von euch kann mich einer Sünde überführen? Wenn ich aber die Wahrheit sage, warum glaubt ihr mir nicht? Wer von Gott ist, der hört Gottes Worte; ihr hört darum nicht, weil ihr nicht von Gott seid."

Das ist eine sehr mutige Aussage. Denn was würde passieren, wenn ich so was sagen würde?

- Ihr würdet auf der Stelle überlegen, wo ich mich mal schlecht benommen hab, lieblos geredet hab, nicht einsichtig war usw.

Und ganz gewiss würdet ihr einiges finden und mir widersprechen.
So muss es bei den Juden auch gewesen sein. Sie haben bestimmt auch ihre Gedanken rattern lassen und nach etwas gesucht, das sie Jesus vorwerfen könnten. Aber ihnen ist nichts eingefallen!
So ist es auch allen gegangen, die Jesus eine Falle gestellt haben. Sie haben alles getan, um ihm etwas Schlechtes anzuhängen. Aber sie sind immer in die eigenen Fallen reingefallen!

Nein, Jesus hat nie eine **Sünde** getan. Er ist der einzige Mensch, der nie etwas getan hat, das Gott nicht will. Das wird in der Bibel klar und deutlich betont.
1. Petrus 2,22: *„Er, der keine Sünde getan hat und in dessen Mund sich kein Betrug fand."*
Hebräer 4,15: *„Der versucht worden ist in allem wie wir, doch ohne Sünde."*

Warum ist es denn so wichtig, dass Jesus nie eine Sünde getan hat?

- Weil ein Mensch so etwas nicht fertig bringt.

Wenn Jesus aber nie sündigt, dann ist er mehr als ein Mensch. Dann ist er Mensch und Gott in einem. Dann macht Jesus das wieder gut, was Adam und Eva verdorben haben. Durch sie ist die Sünde in die Welt gekommen. Seit dem kann kein Mensch sündlos leben. Aber Jesus lebt stellvertretend für uns das Leben, das wir nicht leben können. Ein Leben ohne Sünde.
Römer 5,19: *„Denn wie durch den Ungehorsam des einen Menschen (Adam) die Vielen zu Sündern geworden sind, so werden auch durch den*

Gehorsam des Einen (Jesus) die Vielen zu Gerechten.“
Und weil Jesus ohne Sünde gelebt hat, hat er die Sünden der ganzen Welt bezahlen können.
2. Korinther 5,21: Gott *„hat den, der von keiner Sünde wusste, für uns zur Sünde gemacht, damit wir in ihm die Gerechtigkeit würden, die vor Gott gilt.“*
Das ist der tiefste Grund, weshalb Gott in Jesus zu uns gekommen ist und ohne Sünde als Mensch unter uns gelebt hat. Damit wir gerecht werden und vor Gott bestehen können!

Aber das haben die Juden damals noch nicht wissen können. Darum verweist sie Jesus jetzt erstmal auf die Tatsache,

- dass wenn er keine Sünde tut, dann ist er auch kein Lügner. Darum können sie ihm voll und ganz vertrauen!

Ein Mensch, der ohne Sünde lebt, muss göttlich sein. Aber die Juden glauben ihm nicht,

- weil sie **nicht von Gott** sind, sagt Jesus!

Von Gott ist nur der Mensch, der sich mit Gott verbündet. Der sich durch Jesus verwandeln lässt. Darauf verweist Jesus seine Hörer. Er sagt ihnen, dass sie trotz ihres frommen Lebens, nichts mit Gott am Hut haben!

Bis heute ist das so. Wenn jemand das Wort Gottes kritisiert, andauernd nach etwas sucht, das gegen die Bibel spricht, der ist nicht von Gott!
Das Wort Gottes ist doch für alle da. Es ist nicht in einer unverständlichen Sprache geschrieben. Es ist nicht ein Wort für Eingeweihte. Aber nur wer bereit ist sich dem, was in der Bibel steht zu öffnen, wird merken, dass es Gottes Worte sind. Der wird begreifen, dass Jesus Gottes Sohn ist, der gekommen ist, um uns von aller Sünde zu befreien. Der wird sich zu Jesus bekehren, Jesus seine Sünden abgeben und ein Kind Gottes werden!
Die Worte Gottes sind kein Geheimnis. Aber wie die Worte Gottes wirken ist ein Geheimnis!

Der Pfarrer Wilhelm Busch berichtet, wie er gegen Ende des Zweiten Weltkriegs von der Gestapo verhört worden ist, als seine Heimatstadt Essen bereits in Flammen gestanden war. Der Beamte hat ihm wieder einmal ein Verbot wegen seiner Jugendarbeit erteilt. Da rutscht dem Pfarrer Busch der Satz aus dem Mund: „Ihre Sorgen möchte ich haben!“ Er ist selber vor dem erschrocken, was er da soeben gesagt hat. Der Beamte war aber gnädig und hat nur gefragt: „Wieso?“ Darauf Wilhelm Busch: „Nun, hier geht die Welt unter. Und sie entblöden sich nicht, mich wegen einer solchen Sache herzubestellen!“ Der Beamte wird sehr ernst und sagt: „Uns ist diese Sache sehr wichtig. Sehen sie, wir haben sie genau beobachtet. Und da haben wir festgestellt, dass sie noch keinen Gottesdienst und keine Jugendstunde haben ausfallen lassen. Als ihre Säle und Kirchen zerstört waren, gingen sie in den Keller. Und wenn ein Keller verschüttet war, richteten sie sich im nächsten ein.“ Pfarrer Busch sagt: „Ja, der Siegeszug des Evangeliums geht weiter!“ Da schreit der Beamte auf: „Und unser weltanschaulicher Kampf geht auch weiter! Und wenn die ganze Welt untergeht!“ Beide schauen sich in die Augen. Wilhelm Busch sagt: „Damit geben sie zu, dass das Thema dieser schrecklichen Zeit heißt: Christus oder Antichristus!“ Darauf der Beamte: „Da gebe ich ihnen Recht. Es geht nur um die Frage, ob ihr eingebildeter Jesus Christus noch länger die Hirne gefangen halten soll - oder ob wir und unsere Weltanschauung herrschen. Darum geht es allein in dieser Zeit. Alles andere ist nur Begleitmusik.“ Wilhelm Busch streckt dem Beamten die Hand entgegen und sagt: „Wenn uns auch Welten trennen, mit ihnen verstehe ich mich über alle Köpfe hinweg, die nicht begreifen, um was es geht.“ Pfarrer Busch hat ihm nur noch gesagt, dass Jesus keine Einbildung ist, sondern lebt. Dann hat er wieder gehen dürfen.

Was damals, im Dritten Reich, so offensichtlich war, das spielt sich bei allen Menschen im Inneren ab. Soll Christus oder Antichristus über mir herrschen? Jesus ist der sündlose Gott, der alles für dich getan hat, damit du bei ihm ewig leben kannst. Willst du dich immer noch gegen ihn wehren?

Dann liefert Jesus den Juden einen zweiten Hinweis, dass er Gott ist:

2. Weil er den Vater ehrt

> Verse 48-50: „Da antworteten die Juden und sprachen zu ihm: Sagen wir nicht mit recht, dass du ein Samariter bist und einen bösen Geist hast? Jesus antwortete: Ich habe keinen bösen Geist, sondern ich ehre meinen Vater, aber ihr nehmt mir die Ehre. Ich suche nicht meine Ehre; es ist aber einer, der sie sucht, und er richtet.“

Samariter, das war bei den Juden ein ganz übles Schimpfwort. Und von einem **bösen Geist** besessen zu sein, war die allerletzte Stufe, die man hinabfallen hat können. Die Juden schleudern Jesus also die übelsten Beleidigungen entgegen.
Bis heute ist das so, wenn einem die Argumente ausgehen, dann geht es mit Lästerungen und Beschimpfungen weiter!

Dennoch lässt sich Jesus nicht aus der Ruhe bringen. Jesus versucht weiter seine Gegner zu gewinnen. Er sagt, dass er gar nicht besessen sein kann, weil er **nicht seine** eigene **Ehre** sucht. Er sucht die Ehre seines **Vaters** im Himmel.
Was Jesus auch immer getan hat, das hat immer mit dem übereingestimmt, was der Vater im Himmel gewollt hat. Kein einziges Mal hat Jesus ein Wunder eigenwillig bewirkt. Kein einziges Mal etwas gesagt, das nicht auch der Vater gesagt hätte. Die Beleidigungen, die man ihm um die Ohren

geschleudert hat, hat er nie aggressiv abgewehrt. Er hat alles gelassen hingenommen und dem Vater überlassen. Den Gegnern liebevolle und sinnvolle Antworten gegeben. Denn die Liebe sucht nicht das Ihre. Sie duldet alles. (1. Korinther 13,5+7).

Dennoch hat der Vater bestimmt, dass alle Ehre Jesus zufallen soll. Wer den Vater im Himmel ehren will, der muss zuvor den Sohn Gottes ehren. Jesus sagt Johannes 5,23:
„Wer den Sohn nicht ehrt, der ehrt den Vater nicht."

Jetzt möchtet ihr sicher wissen, wie man den Sohn ehrt, damit der Vater geehrt wird. Das möchte ich mit einem Erlebnis veranschaulichen.
Ein Philosoph hat mal Besuch von einem Freund bekommen. Die kleine Tochter des Philosophen war auch im Zimmer. Der Besucher hat gemeint, wenn er dem Mädchen des Philosophen eine gute Frage stellt, dann bekommt er eine tiefsinnige Antwort. Er hat sie gefragt: „Was lehrt dich denn dein Vater?" Das kleine Mädchen hat ihn angeschaut und gesagt: „Gehorsam."
Das war wirklich eine sehr tiefsinnige Antwort. Gehorsam war das, was Jesus hier auf Erden gelebt hat. Er war seinem Vater im Himmel in allen Dingen gehorsam. So hat er dem Vater alle Ehre gegeben.
Nichts anderes erwartet Jesus von dir. Jesus möchte, dass du völlig dem Wort Gottes gehorchst. Dann ehrst du den Sohn und zugleich auch den Vater!

Und was folgt dann, wenn wir Jesus und dem Vater gehorchen? Jesus verspricht, Vers 51:

> „Wahrlich, wahrlich, ich sage euch: Wer mein Wort hält, der wird den Tod nicht sehen in Ewigkeit."

Das ist der Kern, um den es im Glauben an Jesus geht. Es geht darum, wo wir die Ewigkeit verbringen werden!
Jesus hat das Wort seines Vaters gehalten. Deswegen hat ihn der Tod nicht halten können. Und wenn du **hältst**, was Jesus sagt, dann bist du auch von der Macht des **Todes** befreit. Das verspricht dir niemand anders als Jesus, der den Tod besiegt hat. Das ist der Lohn dafür, wenn man den Sohn und den Vater ehrt!

Jesus ist Gott, weil er ohne Sünde ist, weil er den Vater ehrt und

3. Weil er schon immer lebt

> Verse 52-55: „Da sprachen die Juden zu ihm: Nun erkennen wir, dass du einen bösen Geist hast. Abraham ist gestorben und die Propheten,

und du sprichst: Wer mein Wort hält, der wird den Tod nicht schmecken in Ewigkeit. Bist du mehr als unser Vater Abraham, der gestorben ist? Und die Propheten sind gestorben. Was machst du aus dir selbst? Jesus antwortete: Wenn ich mich selber ehre, so ist meine Ehre nichts. Es ist aber mein Vater, der mich ehrt, von dem ihr sagt: Er ist unser Gott; und ihr kennt ihn nicht; ich aber kenne ihn. Und wenn ich sagen wollte: Ich kenne ihn nicht, so würde ich ein Lügner, wie ihr seid. Aber ich kenne ihn und halte sein Wort."

Die Juden verstehen Jesus überhaupt nicht. Das können sie auch nicht. Denn solange sie sich dagegen wehren, dass Jesus mehr ist als ein Mensch, redet Jesus für sie völlig vermessen. Wie einer, der **einen bösen Geist hat**, wie sie sagen. Denn Gottes Wort sagt 1.Korinther 2,14:
„Der natürliche Mensch vernimmt nichts vom Geist Gottes; es ist ihm eine Torheit, und er kann es nicht erkennen; denn es muss geistlich beurteilt werden."
Jesu Worte kann folglich nur der verstehen, der sich für Jesus öffnet. Dem macht der Heilige Geist die Worte Jesu verständlich. Die Worte Jesu werden ihm Kraft und Freude geben. Ja, ewiges Leben geben!

Die Juden zitieren Jesus auch nicht ganz korrekt. Jesus hat gesagt, dass wer sein Wort hält, der wird den Tod *nicht sehen in Ewigkeit*. Und die Gegner Jesu machen daraus ***nicht schmecken in Ewigkeit***. Es ist ein Unterschied, ob man ewig nicht sieht oder ob man ewig nicht schmeckt. Denn schmecken wird jeder den Tod. Auch **Abraham** und **die Propheten** haben den Tod geschmeckt, als sie **gestorben sind.** Aber sie werden den Tod nicht ewig sehen. Denn sie werden zum ewigen Leben auferstehen!
Jesus hat nicht von dem ersten Tod gesprochen, sondern von dem zweiten, dem ewigen Tod. Das ist das ewige Getrenntsein von Gott, an einem schrecklichen Ort. Die Hölle!

Jesus ist wirklich mehr als Abraham und die Propheten. Aber wer das nicht glauben will, den kann man mit keinem Argument überzeugen. Denn so ein Mensch **kennt** Gott **nicht**. Er kennt nur einen falschen Gott. Er sieht, wie bei einem Kippbild, nur eines der beiden Bilder, den Menschen. Aber wer Jesus sein Vertrauen schenkt, der erkennt auch das zweite Bild, nämlich Gott. Jesus sagt es klar und deutlich. Jesus kennt Gott, weil er schon immer bei ihm war. Wenn Jesus vor lauter Angst sagen würde, dass er den Vater genauso wenig kennt wie sie, dann hätte er gelogen. Dann hätte er gesündigt. Aber Jesus sagt die Wahrheit!

Niemand kann Jesus vorwerfen, dass er nie deutlich gesagt hat, wer er wirklich ist. Jesus hat sehr deutlich gesagt, dass er göttlich ist!

> Vers 56: „Abraham, euer Vater, wurde froh, dass er meinen Tag sehen sollte, und er sah ihn und freute sich.“

Interessant, was Jesus hier offenbart. Jesus weiß etwas über Abraham, das in der Bibel gar nicht steht. Jesus weiß, dass **Abraham froh** war, als er den **Tag** Jesu **gesehen** hat. Abraham hat also die irdische Lebenszeit Jesu gesehen. Wann hat er sie gesehen?

- Bestimmt als er in den Himmel gekommen ist.

Jesus weiß es, weil er vom Himmel kommt. Von dort, wo auch Abraham ist!

Das bringt bei den Juden das Fass zum Überlaufen, Verse 57-59:

> „Da sprachen die Juden zu ihm: Du bist noch nicht fünfzig Jahre alt und hast Abraham gesehen? Jesus sprach zu ihnen: Wahrlich, wahrlich, ich sage euch: Ehe Abraham wurde, bin ich. Da hoben sie Steine auf, um auf ihn zu werfen. Aber Jesus verbarg sich und ging zum Tempel hinaus.“

Für die Juden ist und bleibt Jesus ein natürlicher Mensch. Einen anderen Gedanken lassen sie nicht zu.

Wenn ihr genau hinschaut, was Jesus im Vers 58 sagt, dann macht ihr eine gewaltige Entdeckung. Jesus sagt vom **Abraham**, dass er **geworden** ist. Er hat also einen Anfang im Mutterleib gehabt. Aber von sich sagt Jesus **„ich bin“**. „Ich bin“ ist zeitlos. Jesus hat keinen Anfang und auch kein Ende. Er ist nicht geschaffen worden. Jesus ist schon immer da. Er ist also das, was nur Gott ist, nämlich ewig!

So hat sich übrigens Gott dem Mose am Dornbusch vorgestellt. Gott hat gesagt, dass sein Name „Ich bin“ lautet (2. Mose 3,14).
Gott sagt es auch durch den Propheten Jesaja, im Kapitel 43:

- *„Damit ihr wisst und mir glaubt und erkennt, dass ich's bin“* (Vers 10)
- *„Ich bin der HERR, und außer mir ist kein Heiland“* (Vers 11)
- *„Ich bin, ehe denn ein Tag war“* (Vers 13)

Die Juden haben diese Worte Gottes sehr gut gekannt. Sie haben deutlich gehört, dass in Jesus der „Ich bin“ vor ihnen steht!

Leider möchten die Juden lieber, dass Jesus ein Gotteslästerer ist. Und Moses Gesetz sagt, dass so einer gesteinigt gehört 3. Mose 24,16:
„Wer des HERRN Namen lästert, der soll des Todes sterben; die ganze Gemeinde soll ihn steinigen.“
Die Juden **heben Steine** gegen ihren Gott **auf**!

Dieses Drama spielt sich bis heute bei allen Völkern ab. Ganz besonders in unserer westlichen Welt. In keinem anderen Teil der Erde haben die Menschen so viel von der Bibel und von Jesus gehört. Aber gerade hier wird gegen die Bibel und gegen Jesus massiv gewettert. Man lehnt Jesus und sein Wort aus dem gleichen Grund ab, wie die Juden zur Zeit Jesu. Weil man die Wahrheit nicht hören will!

Das erinnert mich an das, was in England mal passiert ist, als die Königin Elisabeth I. regiert hat. Da wurde ein Gesetz herausgegeben, dass jeder zu der Kirche gehen muss, die in seinem Bezirk ist. Aber viele Katholiken haben keine evangelische Predigten hören wollen. Damit sie aber nicht bestraft werden, sind sie in die evangelische Kirche gegangen. Doch vorher haben sie sich die Ohren dicht verstopft, damit sie nicht hören, was der evangelische Pfarrer predigt!

Verstopften Ohren zu predigen ist eine traurige Aufgabe. Aber Jesus hat sich dieser Aufgabe gestellt. Das war gut so, denn manche haben sich die geistlichen Ohrstöpsel ziehen lassen und haben die Wahrheit angenommen!

Bis heute wird niemand so heiß geliebt und so bitter gehasst wie Jesus. Je näher die letzten Tage kommen, umso größer wird der Hass gegen Jesus und seine Nachfolger. Es ist und bleibt, wie es geschrieben steht:
„Sie hassen mich ohne Grund“ (Johannes 15,25).
So wird es bleiben, bis Jesus wiederkommt. Dann wird die ganze Welt von der Wahrheit und der Liebe Gottes erfasst werden!

Jesus ist zu uns als wahrer Mensch und als wahrer Gott gekommen. Wer Jesus ablehnt, sieht in Jesus nur den Menschen. Wer ihm aber Vertrauen schenkt, der erkennt, dass Jesus Gott ist.

- Denn er ist ohne Sünde.
- Er ehrt den Vater.
- Und er lebt schon immer.

Johannes 9,1-12

Wo liegt der Sinn im Leiden?

Es gibt enorm viel Leid in unserer Welt: Krankheiten, Katastrophen, Kriege, Kriminalität, Angst, Sorgen ... Warum ist das so?
Wo liegt der Sinn, wenn Selbstmordattentäter sich in die Luft jagen und vielen unschuldigen Menschen das Leben rauben?
Wo liegt der Sinn, dass eine junge Mutter an Krebs stirbt und kleine Kinder zurücklässt? Und die alte Frau, die sich den Tod herbeiwünscht, kann nicht sterben.
Wo liegt der Sinn, wenn ein Missionar jahrelang eine fremde Sprache und Kultur erlernt und bevor er richtig durchstarten kann krank wird und stirbt? Und ein grausamer Diktator, der eine Nation tyrannisiert, bleibt jahrzehntelang an der Regierung!
Solche Tatsachen führen manche Menschen dazu, dass sie sagen: „Ich kann nicht an Gott glauben. Ich merke nichts von einem Gott der Liebe und der Barmherzigkeit!“

Mit diesem Problem beschäftigen wir uns heute. Der heutige Predigttext gibt dazu eine sehr gute Vorlage.

1. Das Leiden ist nicht sofort erklärbar

> Vers 1: „Und Jesus ging vorüber und sah einen Menschen, der blind geboren war.“

Damals hat es viele **Blinde** an den Straßenrändern in Israel gegeben. Jeder Blinde war sein ganzes Leben lang arm und zum betteln verurteilt. Denn Blindheit war damals unheilbar!

Stell dir mal vor, du wärst blind. Du würdest dein ganzes Leben in der Dunkelheit verbringen. Ständig wärst du auf Hilfe angewiesen. Da kann einem bald die Frage aufkommen: „Wem bin ich nützlich? Hat es einen Sinn so zu leben?“

Jesus **geht** an dem Blinden **vorüber** und schaut ihn an. Für Jesus ist der Blinde kein nutzloses Wesen. Er erkennt sofort, aus welchem Grund der Mann blind ist! Die Jünger Jesu erkennen es nicht. Ihnen kommt nur eine Frage in den Sinn, Vers 2:

> „Und seine Jünger fragten ihn und sprachen: Meister, wer hat gesündigt, dieser oder seine Eltern, dass er blind geboren ist?“

Was für eine furchtbare Frage. Hätten sie doch wenigstens gefragt: „Hat jemand gesündigt, dass dieser Mann blind geboren ist?“ Nein, die Jünger haben bereits schon die Antwort in der Tasche. Er ist **blind geboren**, weil jemand **gesündigt** hat. Sie wollen nur noch wissen, wer gesündigt hat. Er selbst, oder **seine Eltern**. So kleinkariert ist ihr Denken!

Solche Menschen gibt es bis heute. Sie haben auf alle Lebensfragen sofort eine fertige Antwort parat. Kaum erzählt man einem, etwas über sein Problem, schon bekommt man eine fertige Antwort geliefert. Das ist furchtbar!
Mach so was nicht! Hör lieber bis zum Schluss zu und denk dich dabei in den anderen rein. Zeig dein Mitgefühl. Und statt Lösungen zu geben, stelle lieber Fragen. Glaubst du, dass es irgendwo auf der Welt einen Menschen gibt, der eine Antwort darauf hat, wieso der eine Krebs hat und der andere nicht? Wir sind doch bloß Menschen. Wir müssen keine Antworten geben, die wir selber nicht haben!

Die Bibel gibt uns einige allgemeine Hinweise zu diesem Thema.

- Einige Stellen in der Bibel berichten davon, dass persönliche Sünde Leid verursachen kann.

Mirjam, die Schwester Moses, hat sich mal gegen Mose aufgelehnt. Daraufhin hat sie Gott mit Aussatz bestraft!
Der König David hat mal Ehebruch mit der Batseba begangen. Die Folge war, dass das neugeborene Kind sterben hat müssen!
Die Gemeinde in Korinth hat das Abendmahl unwürdig abgehalten. Das hat Schlimmes zur Folge gehabt. Der Apostel Paulus erklärt 1. Korinther 11,30:
„Darum sind auch viele Schwache und Kranke unter euch, und nicht wenige sind entschlafen.“
Außerdem sagt Gott 2. Mose 20,5:
„Ich, der HERR, dein Gott, bin ein eifernder Gott, der die Missetat der Väter heimsucht bis ins dritte und vierte Glied, an den Kindern derer, die mich hassen.“
Das war wohl der Grund, warum die Jünger auf die Idee gekommen sind, dass jemand gesündigt haben muss, wenn der Mann **blind geboren** ist!

Aus der Bibel wissen wir aber auch, dass eine Krankheit oder eine Not nicht immer mit einer persönlichen Sünde zusammenhängt.
Hiob z.B. hat furchtbar gelitten. Aber der Grund war nicht seine persönliche Schuld, sondern Gott hat mit dem Teufel eine Abmachung getroffen. Es sollte bewiesen werden, dass Hiobs Glaube nicht vom Wohlstand und von Gesundheit abhängig ist!
Oder Jesus spricht in Lukas 13,4 von einem Turm, der umgefallen ist und dabei 18 Menschen umgekommen sind. Und er erklärt, dass die 18 Menschen nicht deswegen umgekommen sind, weil sie sündiger waren als andere. Der Vorfall sollte vielmehr die Lebenden zur Umkehr führen!

Es kann viele Gründe haben, weshalb Gott Leid und Elend zulässt. Aber was in welchem Fall zutrifft, das können wir nicht wissen. Es bleibt uns verschlossen!

Das fällt uns schwer zu akzeptieren. Wir möchten für jeden schweren Vorfall gleich eine Antwort haben. Wer ist schuld daran? Wo liegt der Sinn? Dass wir so fragen, ist menschlich. Denn wir sind nichts mehr als Menschen. Wir können nur in menschlichen Möglichkeiten denken. Unser Horizont ist beschränkt. Darum müssen wir akzeptieren, dass es Dinge gibt, die für uns zu hoch sind!

Wer dazu bereit ist, wird etwas entscheidend Wichtiges lernen:

2. Das Leiden lehrt uns Gottes Wege

Mit jedem Menschen hat Gott einen Plan und ein Ziel. Auch mit dieser Welt hat Gott einen Plan und ein Ziel. In Gottes Pläne können wir nicht reinschauen. Aber eines können wir: wir können glauben, dass es vollkommen gute Pläne sind. Weil Gott die Liebe ist. Was an dir und um dich herum geschieht, das geschieht nur, damit Gott seinen Liebesplan erfüllt!

Dass der Mann in unserem Text blind war, hatte einen tiefen Sinn. Das deckt jetzt Jesus auf.

> Vers 3: „Jesus antwortete: Es hat weder dieser gesündigt noch seine Eltern, sondern es sollen die Werke Gottes offenbar werden an ihm."

Jesus sagt also, dass dieser Mann nicht wegen einer bestimmten Sünde blind ist, sondern er ist von Geburt an blind, weil Gott mit ihm etwas Bestimmtes vor hat. Etwas, was kein Mensch vorhersehen kann. Er ist blind, damit er Jesus begegnet, und geheilt wird!

Die Jünger Jesu haben wissen wollen, wer die Blindheit bei dem Mann verursacht hat. Aber können sie das herausfinden? Sie können nur in der Vergangenheit herumgraben. Und in den Trümmern der Vergangenheit können sie allerlei Möglichkeiten für seine Blindheit finden. Aber welche Möglichkeit zutrifft, wissen sie letztendlich nicht. Und wem ist durch dieses Herumgraben geholfen?

- Keinem!

Nein, Jesus verweist nicht in die Vergangenheit, sondern er sagt, dass der Mann blind ist, weil Gott mit seiner Blindheit noch etwas Herrliches vor hat!

Die Eltern des Blinden haben sicher darunter gelitten, dass ihr Sohn blind ist. Sie haben sich gewiss oft die Frage gestellt: „Wieso gerade unser Sohn? Wie kann Gott das zulassen?“
Bestimmt sind ihnen auch solche Gedanken aufgekommen: „Das ist eine Strafe Gottes. Gott bestraft uns, weil wir das und das getan haben!“
Und was haben wohl die Nachbarn nicht alles über die Eltern gemunkelt?
Doch da kommt Jesus und sagt: „Hört auf in der Vergangenheit zu graben. Das hilft keinem weiter. Gott hat mit dem Blinden einen wunderbaren Plan!“

> Verse 4+5: „Wir müssen die Werke dessen wirken, der mich gesandt hat, solange es Tag ist; es kommt die Nacht, da niemand wirken kann. Solange ich in der Welt bin, bin ich das Licht der Welt.“

Jesus will damit sagen: „Statt dass ihr in der Vergangenheit herumgrabt und nach einem Schuldigen sucht, fragt lieber: 'Was möchte Gott, dass ich machen soll, wenn ich dieses Elend sehe?'“ So eine Frage hat nur Gutes zur Folge!

Georg Müller hat eines Tages entdeckt, dass in seiner Stadt viele Waisenkinder auf der Straße leben. Und er hat nicht angefangen, nach den Schuldigen zu suchen. Er hat auch nicht Gott angeklagt. Nein, er hat Gott um ein Waisenhaus gebeten. Und Gott hat ihm die Mittel für ein Waisenhaus gegeben. Am Ende hat er sogar 5 große Waisenhäuser bauen können und ist ein Vater von ca. 10.000 Waisenkindern geworden!
Auf ähnliche Weise sind viele weitere Hilfswerke entstanden!

Dich plagt vielleicht die Frage: „Warum hat Gott das zugelassen? Wo liegt der Sinn des Ganzen?“ Du wirst darauf keine endgültige Antwort finden.
Frag lieber: „Was kann ich jetzt Gutes tun?“
Jesus ist nicht gekommen, um die Rätsel des Lebens zu beantworten. Uns wäre auch nicht geholfen, wenn wir auf alles eine Antwort hätten. Jesus ist gekommen, um den Plan Gottes zu erfüllen. Darin ist uns Jesus ein Vorbild!

Jesus sagt z.B. nicht, warum Lazarus gestorben ist. In der ganzen langen Geschichte, in Johannes 11, beantwortet Jesus diese Frage nicht. Jesus tut aber den Willen Gottes und weckt ihn von den Toten auf!
Aus der Bibel erfahren wir auch nicht, warum der Apostel Jakobus schon so früh sterben hat müssen. Er hat eine sehr gute Ausbildung von Jesus erhalten. Und schon bald nach Jesu Himmelfahrt hat er den Märtyrertod sterben müssen. Wir lesen kein Wort darüber, wo der Sinn liegt. Das ist auch gar nicht wichtig für uns. Wichtig ist dabei nur, dass die Christen sich nicht einschüchtern gelassen haben. Sie haben einfach weiter gebetet und evangelisiert!

Frag darum nicht „warum?“, sondern frag lieber „was jetzt?“ „Wo ist meine Möglichkeit zu helfen?“
Goethe hat es sehr schön formuliert: „Auch aus Steinen, die einem in den Weg gelegt werden, kann man Schönes bauen.“
Ein anderer Spruch lautet: „Wenn dir das Leben Steine in den Weg legt, mal sie an.“
Tu das aber bitte nicht ohne Jesus. Leg bitte ihm die Steine im Gebet hin und bitte ihn um seine Weisheit!

Jesus sagt, dass die Zeit, in der wir Gottes Werke tun können, beschränkt ist. **Es kommt die Nacht**, dann wird **niemand** mehr für Gott **wirken** können. Sicher hat hier Jesus die unmittelbare Zeit vor seiner Wiederkunft vor Augen. Das ist die Zeit, in der die bösen Mächte besonders schlimm toben werden. Und Gott wird nichts mehr verhindern.
Im Buch der Offenbarung lesen wir, dass Gott dämonische Engel loslassen wird, damit sie ihr Unwesen auf Erden treiben. Dann wird auf der Erde ein noch nie dagewesenes Unheil losbrechen. Eine Naturkatastrophe wird der anderen folgen. Ein Terroranschlag nach dem anderen. Schlimme Seuchen werden die Menschen quälen. Alle Sicherheitsmaßnahmen werden nicht mehr greifen. Denn Gott wird seine schützende Hand zurückziehen. Eine noch nie dagewesene Christenverfolgung wird in dieser Zeit sein. Niemand wird mehr christliche Schriften verteilen können. Man wird nicht mehr offen über Jesus sprechen können. Niemand wird mehr in den Gottesdienst einladen können. Und Missionsarbeit unter den Völkern wird erst recht nicht möglich sein!

Noch leben wir in einer Zeit, in der wir Jesus als den Retter bezeugen können. Noch können wir Menschen zum ewigen Leben führen. Noch können wir Missionare unterstützen. Noch können wir unseren Nächsten auf Jesus aufmerksam machen. Aber die Zeichen der Zeit zeigen uns, dass die Gnadenzeit zu Ende geht. Darum, nicht so viel grübeln, sondern in die Arbeit des Herrn gehen!

> Verse 6+7: „Als er das gesagt hatte, spuckte er auf die Erde, machte daraus einen Brei und strich den Brei auf die Augen des Blinden. Und er sprach zu ihm: Geh zum Teich Siloah - das heißt übersetzt: gesandt - und wasche dich! Da ging er hin und wusch sich und kam sehend wieder.“

Was Jesus hier macht, ist einfach nur komisch. Warum heilt er nicht mit seinem Wort? Warum benutzt er hier seinen Speichel und Erde?
Wieder hilft uns die Warum-Frage nicht weiter. Wir stellen nur fest, dass Jesus viele Weisen hat, um aus der Not zu retten. Er kann mit seinem Wort heilen. Er kann aber auch etwas benutzen, um zu heilen. Er kann das Wunder sofort tun. Manchmal lässt er sich aber Zeit!

Aber vielleicht hat Jesus auf die Erschaffung des ersten Menschen hinweisen wollen. Gott hat Adam aus der Erde geschaffen. Und Jesus benutzt hier auch die Erde, um den Menschen zu erneuern. Damit würde Jesus zeigen, dass er Schöpferkraft hat. Mit ihm bricht die neue Schöpfung an!

Vielleicht hat es aber auch andere Gründe, weshalb Jesus hier so vorgeht. Ich will nicht zu viel spekulieren. Wichtig ist hier vielmehr, dass Jesus den Blinden in die Heilung mit einbezieht. Er soll seinen Glauben beweisen, indem er gehorsam ist. Er soll **zum Teich Siloah gehen** und **sich waschen**.
Der Blinde macht, was Jesus ihm sagt. Und er kann sehen!

Ganz nebenbei: Es ist gar nicht so leicht zu erklären, wieso Johannes hier das Wort Siloah mit **„gesandt"** übersetzt hat. Denn eigentlich heißt Siloah „Leitung". Wenn man aber zwischen den hebräischen Konsonanten andere Vokale einsetzt, dann heißt es „schaluah". Das heißt „gesandt".
Vielleicht hat Johannes es so übersetzt, damit keiner auf die Idee kommt, dass das Wasser des Teiches den Blinden geheilt hat. Es soll allen klar sein, dass der Gesandte Gottes es getan hat!

Der Blinde hat Jesus gehorcht. Das war sein Segen. Jetzt hat seine Blindheit einen Sinn bekommen. Er war blind, damit Jesus an ihm zeigt, dass er auch Macht über die Blindheit hat. Wäre er nicht blind, hätte ihn Jesus nicht heilen können. Und er hätte vielleicht nie Jesus gefunden. Aber dank seiner Not, ist er Jesus begegnet. Hat Jesus als den Messias erkannt. Und viele andere Menschen auch!

Denk daran, wenn du in einer Not steckst:

- Gott hat Gutes über dich beschlossen.
- Glaube fest an ihn.
- Und tu, was Jesus von dir will.

So wirst du erkennen, dass deine Not zu Gottes großen Plan mit dazugehört!

Und jetzt schaut mal, was die Heilung ausgelöst hat.

3. Das Leiden führt Menschen zu Jesus

Der geheilte Blinde wird zum Missionar. Er verweist die gesunden Leute auf Jesus.

> Verse 8-12: „Die Nachbarn nun und die, die ihn früher als Bettler

gesehen hatten, sprachen: Ist das nicht der Mann, der dasaß und bettelte? Einige sprachen: Er ist's; andere: Nein, aber er ist ihm ähnlich. Er selbst aber sprach: Ich bin's. Da fragten sie ihn: Wie sind deine Augen aufgetan worden? Er antwortete: Der Mensch, der Jesus heißt, machte einen Brei und strich ihn auf meine Augen und sprach: Geh zum Teich Siloah und wasche dich! Ich ging hin und wusch mich und wurde sehend. Da fragten sie ihn: Wo ist er? Er antwortete: Ich weiß es nicht."

Merkt ihr, was für eine großartige Bewegung die Not des Blinden ausgelöst hat? Die Leute wollen wissen, wo sie Jesus finden können. Sie wollen wissen, wo der Helfer ist. Ein großes Interesse für Jesus entsteht. Der ehemals Blinde ermöglicht jetzt Vielen ein neues Sehen!

Vielleicht steckst du gerade in einer schweren Lage. Dann denk daran - was du gerade erleidest, ist nicht alles. Jesus ist größer als dein Elend. Du stehst in einem großen herrlichen Plan drin. Durch dich will Gott großartige Werke in dieser Welt tun. Dein Leiden ist für dich und für andere sehr nützlich. Jesus ist am Werk!

Ich möchte schließen mit einer Begebenheit aus dem 2. Weltkrieg.
Eine jüdische Frau war mit vielen anderen Juden in einem Güterzug nach Auschwitz unterwegs. Die Angst hat die Frau fast zum Wahnsinn getrieben. Sie hat sich in dem überfüllten Waggon umgeschaut und hat einen alten bekannten Rabbiner entdeckt. In ihrer Not hat sie seine Arme und Beine umschlungen und hat geschrien: „Helft mir doch, ich werde verrückt vor Angst!" Der Rabbi legt der Frau seine Hand auf den Kopf und sagt: „Kind, kennst du das Geheimnis unseres Volkes nicht? Das Geheimnis Israels ist das Geheimnis des Roten Meeres. Es gibt keinen Weg um das Meer herum. Der Weg Gottes führt mitten durch das Rote Meer hindurch. Und nun leg deine Hand in Gottes Hand, meine Tochter, und geh in das Wasser hinein, du wirst es staunend erleben, dass es zurückweicht!" Und das Wunder geschieht. Die Frau wird still, und ihre Angst fällt von ihr ab.

Jeder von uns wird früher oder später mitten durch das „Rote Meer" hindurchgehen müssen. Hast du aber dein Leben in Jesu Hand gelegt, dann bist du nicht dem Zufall überlassen. Denn Jesus wird dich tragen. Das ist keine psychologische Vertröstung, sondern geistliche Realität!
Jeder von uns wird früher oder später Schweres erleiden. Der Grund und der Sinn davon lässt sich nicht sofort erklären. Aber das Leiden wird dir Gottes gute Wege zeigen. Es wird deine Beziehung zu Jesus veredeln. Und schließlich wird das, was du erleidest, anderen nützlich sein, um Jesus zu finden. Du wirst noch Jesus für seine vollkommen gute Wege mit dir danken. Denn du wirst erkennen, dass dein Leiden einen tiefen Sinn und einen großen Nutzen hatte!

Johannes 9,13-41

Von Menschen bedrängt, von Jesus getröstet

In der Nähe eines berüchtigten Clubhauses, sind drei Straßenarbeiter beschäftigt. Während sie arbeiten, können sie beobachten, wer das Haus aufsucht. Sie sehen, wie ein stadtbekannter Politiker kommt und in dem Haus verschwindet. Einer der Straßenarbeiter sagt: „Na ja, was kann man von denen schon erwarten." Dann sehen sie einen jüdischen Rabbiner in das Haus reinschlüpfen. Der zweite Straßenarbeiter sagt: „Das überrascht mich gar nicht." Irgendwann sehen sie einen buddhistischen Mönch in das Haus reingehen. Der dritte Straßenarbeiter sagt: „Sieh mal einer an, die sind auch nicht besser." Schließlich sehen sie, wie ihr Pfarrer das Haus betritt. Alle drei Straßenarbeiter sind sich einig: „Eines der Mädchen liegt im Sterben und braucht seelischen Beistand!"

Diese erfundene Geschichte zeigt ganz gut, wie wir manchmal voreingenommen sind. Wenn ein Politiker, ein Rabbiner oder ein buddhistischer Mönch in ein berüchtigtes Clubhaus reingeht, dann haben sie nur eines im Sinn. Wenn aber eine Person, die man mag dort reingeht, dann muss es ganz andere Gründe haben. So machen wir uns manchmal etwas vor und glauben den eigenen Lügen!

Das zeigt uns der heutige Predigttext sehr deutlich. In dem Text geht es nicht darum, die Pharisäer schlecht zu machen. Nein, die Pharisäer sollen uns vielmehr zeigen, wie wir denken. Sie sollen uns helfen die Lügen, die wir uns einreden aufzudecken!

Alles hat damit angefangen, dass Jesus einen blindgeborenen Mann geheilt hat. Jesus hat ihm durch ein Wunder das Augenlicht geschenkt. Alle, die das mitkriegen, kommen aus dem Staunen nicht heraus. Was sie davon halten sollen, das wissen sie nicht so recht. Ist hier Gott am Werk, oder nicht? Wer kann diese Frage beantworten?

> Vers 13: „Da führten sie ihn, der vorher blind gewesen war, zu den Pharisäern."

Die **Pharisäer** sind damals die frömmsten Menschen in Israel gewesen. Sie haben sich in der Heiligen Schrift bestens ausgekannt. Und sie haben Gott und seine Gebote sehr ernst genommen. Darum sollte man erwarten, dass die Pharisäer den Fall am besten geistlich beurteilen können!

Doch leider sind diese Pharisäer hier voreingenommen. Sie mögen Jesus nicht. Sie möchten nicht, dass Jesus ihr verheißener Messias ist. Ihrer

Meinung nach, darf Jesus nicht der von Gott versprochene Sohn Gottes sein. Darum entwickelt sich jetzt ein sehr unangenehmes Gespräch.

1. Die Unterstellungen

> Verse 14-16: „Es war aber Sabbat an dem Tag, als Jesus den Brei machte und seine Augen öffnete. Da fragten ihn auch die Pharisäer, wie er sehend geworden wäre. Er aber sprach zu ihnen: Einen Brei legte er mir auf die Augen, und ich wusch mich und bin nun sehend. Da sprachen einige der Pharisäer: Dieser Mensch ist nicht von Gott, weil er den Sabbat nicht hält."

Die Pharisäer können sich über die Wunderheilung nicht freuen. Statt sich zu freuen, sehen sie nur Probleme. Denn wenn hier Gott am Werk war, dann ist Jesus göttlich. Dann müsste Jesus ihr von Gott versprochener Erlöser sein. Dann müssten die Pharisäer ihre Theologie an manchen Punkten korrigieren. Sie müssten Jesus recht geben und von ihm lernen!
Oh, das lässt ihr Stolz auf keinen Fall zu. Darum darf Jesus nicht ihr verheißener Messias sein. Das Wunder, das Jesus getan hat, darf kein messianisches Zeichen sein. Darum versuchen sie etwas Anstößiges an dem Heilungswunder zu finden.

Das erste, das ihnen einfällt ist, dass Jesus das Wunder am **Sabbat** getan hat. Sabbat ist ein Ruhetag, da darf man nichts arbeiten. Folglich darf man am Sabbat auch keine Wunder tun.
Steht das so im Gesetz Moses? Steht dort, dass am Sabbat keiner durch ein Wunder geheilt werden darf?

- Nein.

Aber das stört die Pharisäer nicht. Sie möchten gern, dass es verboten ist. Darum sagen sie dem Geheilten und den anderen Leuten, dass Jesus ein Sabbatbrecher ist. Aus dem Grund kann Jesus nicht von Gott sein!

Gott sei Dank, gibt es noch andere Pharisäer, die sich mit dem Fall nicht so leicht tun.

> Vers 16: „Andere aber sprachen: Wie kann ein sündiger Mensch solche Zeichen tun? Und es entstand Zwietracht unter ihnen."

Einige Pharisäer hinterfragen das Urteil, Jesus sei ein Sabbatbrecher. So leicht kann man das Jesus nicht zur Last legen. Sie werfen ihm auch keine andere Sünde vor. Offensichtlich finden sie an Jesus nichts Anstößiges. Sie sehen nur, dass Jesus ein offensichtliches Wunder getan hat!

Was sagst du? Was sollte man machen, wenn man sich nicht sicher ist, ob etwas von Gott ist oder nicht?

- Ins Gebet gehen und Jesus fragen.
- Schauen, was darüber in der Bibel steht.

Oft können wir nicht sofort alles durchschauen. Jesus sagt, dass wir die Verführer an ihren Früchten erkennen werden. Aber es braucht nun mal seine Zeit, bis Früchte zum Vorschein kommen. Lass dir darum Zeit. Bitte Jesus, dass er dir klar macht, wie du über einen bestimmten Fall denken sollst. Lies dabei die Bibel!

Hätten es die Pharisäer damals auch so gemacht, dann hätten sie bald erkannt, dass Jesus ihr Messias ist. Das Problem war nur, dass sie genau das nicht gewollt haben. Sie haben ihr Glaubenssystem aufrecht erhalten wollen. Sie haben nicht zugelassen, dass Jesus ihren Glauben hinterfragt. Darum suchen sie mit allen Mitteln nach einem Schwachpunkt!

Weil sich die Pharisäer nicht einig sind und nicht weiter kommen, setzen sie an einer anderen Stelle an, Vers 17:

> „Da sprachen sie wieder zu dem Blinden: Was sagst du von ihm, dass er deine Augen aufgetan hat? Er aber sprach: Er ist ein Prophet."

Sehr mutig, was der geheilte **Blinde** hier sagt. Er sieht, dass Jesus kein Sünder und kein Verführer ist. Er sieht in Jesus einen echten **Propheten** Gottes!

Ja, einige Propheten haben gewaltige Wunder getan:

- Elia hat z. B. Feuer vom Himmel kommen lassen.
- Elisa hat einen toten Jungen zum Leben erweckt.
- Jesaja hat den König Hiskia geheilt.
- Daniel hat erkannt, was der König Nebukadnezar geträumt hat und hat ihm den Traum richtig gedeutet.

Wenn also Jesus ein Prophet Gottes ist, dann kann er auch Gottes Wunder tun!

Die Pharisäer wollen aber nicht einmal, dass Jesus ein Prophet ist. Darum gehen sie dem Gedanken nicht weiter nach. Sie lenken sofort mit einer neuen Idee ab, Verse 18-23:

> „Nun glaubten die Juden nicht von ihm, dass er blind gewesen und sehend geworden war, bis sie die Eltern dessen riefen, der sehend geworden war, und sie fragten sie und sprachen: Ist das euer Sohn, von dem ihr sagt, er sei blind geboren? Wieso ist er nun sehend? Seine Eltern antworteten ihnen und sprachen: Wir wissen, dass dieser unser Sohn ist und dass er blind geboren ist. Aber wieso er nun sehend ist, wissen wir nicht, und wer ihm die Augen aufgetan hat, wissen wir

> auch nicht. Fragt ihn, er ist alt genug; lasst ihn für sich selbst reden. Das sagten seine Eltern, denn sie fürchteten sich vor den Juden. Denn die Juden hatten sich schon geeinigt: wenn jemand ihn als Christus bekenne, der solle aus der Synagoge ausgestoßen werden. Darum sprachen seine Eltern: Er ist alt genug, fragt ihn selbst."

Um das eindeutige Heilungswunder ins schlechte Licht zu stellen, fällt den Pharisäern nur noch Unsinn ein. Sie unterstellen den Eltern, dass sie gelogen haben. Ihr Sohn war niemals blind gewesen!

Was für ein Quatsch. Was haben die Eltern für einen Vorteil, wenn ihr Sohn blind ist? Solche unsinnigen Behauptungen stellt man auf, wenn einem nichts mehr einfällt. Wer eine Tatsache nicht wahr haben will, den kann nicht einmal das offensichtlichste Wunder überzeugen!
Wenn man z. B. nicht will, dass Gott die Welt geschaffen hat, dann glaubt man, dass alles durch Zufall entstanden ist. Solchen Leuten kannst du erklären, dass bis heute keiner bewiesen hat, dass Leben von allein entstehen kann.
Oder dass eine Körperzelle, mit den unbegreiflich vielen Informationen, niemals von allein entstehen kann. Diese Tatsachen werden einfach ignoriert. Auch alle anderen Argumente ziehen nicht. Denn man möchte nicht, dass es einen Gott gibt, der erschaffen kann!
Oder wenn einer möchte, dass Jesus ein ganz gewöhnlicher Mensch war, dann kannst du auf Tatsachen verweisen, wie viel du willst. Er wird immer weiter behaupten, dass das, was du sagst, falsch ist. Es kann sogar so weit gehen, dass wenn er merkt, dass er gegen deine Argumente nicht ankommt, dich für gefährlich erklärt. Er wird dir drohen. Andere vor dir warnen!

So haben es die Pharisäer damals auch gemacht. Sie haben **sich geeinigt**, dass sie jeden, der Jesus **als Christus**, also als Messias, **bekennt**, aus der **Synagoge ausstoßen** werden. Das war eine der schlimmsten Strafen für einen Juden. Diese Strafe ist darum nur ganz selten angewandt worden. Nur bei den schlimmsten Fällen!

Zur Zeit Jesu hat es zwei Härtegrade beim Synagogenausstoß gegeben.
Im ersten Grad war man nur für 30 Tage ausgeschlossen. In diesen Tagen, hat jeder Jude, einen Abstand von bis zu zwei Metern von dem Ausgestoßenen halten müssen. Man hat mit ihm nicht essen und nicht trinken dürfen. Und wenn der Ausgestoßene in den Tempel gehen wollte, dann hat er einen besonderen Eingang benutzen müssen!
Der zweite Härtegrad ist vom jüdischen Gerichtshof verhängt worden. Jeder Jude hat den Verurteilten ganz meiden müssen. Keiner hat bei ihm etwas kaufen dürfen. Und keiner hat ihm etwas verkaufen dürfen. Aber auch nur für eine bestimmte Zeit!
Und im Jahre 90 n. Chr. haben die Juden noch einen dritten Härtegrad

eingeführt. Der ist an den Juden verhängt worden, die sich zu Jesus bekehrt haben. Diese Juden sind als Ketzer verflucht worden. Das war der endgültige Ausschluss aus der jüdischen Gemeinschaft!

Zur Zeit Jesu hat es nur die ersten beiden Härtegrade gegeben. Es war die größte Schande, wenn ein Jude aus der Synagoge ausgestoßen wurde!

Die Pharisäer haben aus den Eltern des Geheilten nichts herausgelockt, was bedenklich wäre. Alle Unterstellungen haben nichts geholfen. Darum greifen sie zur nächsten Maßnahme.

2. Der psychische Druck

> Verse 24+25: „Da riefen sie noch einmal den Menschen, der blind gewesen war, und sprachen zu ihm: Gib Gott die Ehre! Wir wissen, dass dieser Mensch ein Sünder ist. Er antwortete: Ist er ein Sünder? Das weiß ich nicht; eins aber weiß ich: dass ich blind war und bin nun sehend.“

Die Pharisäer wollen jetzt den Geheilten mit Autorität in die Knie zwingen. Sie behaupten, dass sie **wissen**, dass Jesus **ein Sünder ist**. Eine Begründung fehlt. Der Geheilte soll ihnen einfach nur zuzustimmen, dann wird er **Gott die Ehre** geben!

Der Geheilte lässt sich aber von dem autoritären Ton nicht einschüchtern. Er kann Jesus keine Sünde nachweisen. Er verweist einfach nur auf das Heilungswunder, das er erfahren hat!

Gib niemals nach, wenn man dir autoritär eine Meinung aufzwingen will. Gib dem Drängen niemals nach, sondern verweise auf die Tatschen, von denen du überzeugt bist. Du kommst sonst in einen Gewissensdruck, der dich brechen wird!

Sobald du merkst, dass dich jemand mit psychischem Druck in die Knie zwingen will, dann lass bei dir alle Alarmglocken läuten. Verhalte dich dann so, wie der Geheilte in unserem Text, Verse 26-34:

> „Da fragten sie ihn: Was hat er mit dir getan? Wie hat er deine Augen aufgetan? Er antwortete ihnen: Ich habe es euch schon gesagt, und ihr habt's nicht gehört! Was wollt ihr's abermals hören? Wollt ihr auch seine Jünger werden? Da schmähten sie ihn und sprachen: Du bist sein Jünger; wir aber sind Moses Jünger. Wir wissen, dass Gott mit Mose geredet hat; woher aber dieser ist, wissen wir nicht. Der Mensch antwortete und sprach zu ihnen: Das ist verwunderlich, dass ihr nicht wisst, woher er ist, und er hat meine Augen aufgetan. Wir wissen, dass

> Gott die Sünder nicht erhört; sondern den, der gottesfürchtig ist und seinen Willen tut, den erhört er. Von Anbeginn der Welt an hat man nicht gehört, dass jemand einem Blindgeborenen die Augen aufgetan habe. Wäre dieser nicht von Gott, er könnte nichts tun. Sie antworteten und sprachen zu ihm: Du bist ganz in Sünden geboren und lehrst uns? Und sie stießen ihn hinaus."

Wieso kann der Geheilte so mutig mit den geistlichen Autoritäten sprechen? Sicher, weil er von Gottes Geist und Vollmacht erfüllt ist. Der geheilte Blinde spricht aus der Weisheit und Kraft, die auch dir gegeben wird, wenn du mit Jesus lebst. Dir werden zur Zeit und Stunde die richtigen Worte geschenkt werden, wenn du um Jesu willen bedrängt wirst. Das hat Jesus klar und deutlich versprochen Markus 13,11:
„Wenn sie euch nun hinführen und überantworten werden, so sorgt euch nicht vorher, was ihr reden sollt; sondern was euch in jener Stunde gegeben wird, das redet. Denn ihr seid's nicht, die da reden, sondern der Heilige Geist."
Das hast du sicher schon mehrfach erfahren, wie dir Ideen kommen, wenn du über deinen Glauben sprichst. Wenn du in eine schwere Lage kommst und Jesus bewusst treu bleiben willst, dann wirst du dieses Wunder in einem noch viel größeren Maß erfahren! Die Christen, die verfolgt werden, bezeugen es!

Du wirst dabei noch etwas erfahren. Du wirst erfahren, wie Jesus dich tröstet und stärkt.

3. Der Zuspruch

> Vers 35: „Es kam vor Jesus, dass sie ihn ausgestoßen hatten. Und als er ihn fand, fragte er: Glaubst du an den Menschensohn?"

Jemand hat also Jesus berichtet, wie die Pharisäer den geheilten Blinden bedrängt haben. Was sie ihm alles unterstellt haben. Wie sie psychischen Druck auf ihn ausgeübt haben. Und wie sie ihn schließlich verächtlich von sich gestoßen haben. Das lässt Jesus nicht kalt. Er macht sich auf die Suche nach dem armen Mann!

So macht es Jesus bis heute. Jesus tut dir nicht etwas Gutes und lässt dich dann liegen. Nein, wenn Menschen dir Unrecht tun und du niedergedrückt dasitzt, dann kannst du sicher sein, dass Jesus zu dir schon unterwegs ist. Und er findet dich gewiss. Dann gibt er dir weit mehr, als er dir vorher gegeben hat!

Dem Geheilten gibt Jesus jetzt mehr als das Augenlicht. Jesus schenkt ihm jetzt geistliche Augen!

Jesus fragt ihn, ob er **an den Menschensohn** glaubt. Menschensohn ist eines der Titel für den Messias. Der Prophet Daniel bezeichnet den Messias so.

> Verse 36-38: „Er antwortete und sprach: Herr, wer ist's? dass ich an ihn glaube. Jesus sprach zu ihm: Du hast ihn gesehen, und der mit dir redet, der ist's. Er aber sprach: Herr, ich glaube, und betete ihn an."

Dem Mann gehen jetzt die inneren, geistlichen Augen auf. Er kann jetzt das sehen, wovor die Pharisäer bewusst ihre Augen verschlossen haben. Er erkennt, dass Jesus der göttliche Messias ist. Er erkennt Jesus als den Menschensohn und den Gottessohn, wie er in der Heiligen Schrift beschrieben ist. Darum fällt er anbetend vor ihm nieder. Er tut das, was ein Jude nur vor Gott allein tut!

Jetzt, wo Jesus ihn persönlich aufsucht und ihn persönlich anspricht, kann er aus ganzem Herzen glauben, dass Jesus Gott ist. Und er **betet ihn an**. Damit hat er das Höchste seines Lebens erreicht. Das ist der Sinn und das Ziel jedes menschlichen Lebens. So wie wir es in einem Lied singen:
„Das Höchste meines Lebens ist, dich kennen, Herr."
Dann: „Dich lieben, Herr."
Dann: „Dir dienen, Herr."
Wer das tut, der lebt nicht mehr vergeblich. Egal, ob einer blind, gelähmt oder depressiv ist, wenn er Jesus kennt, ihn liebt, ihm dient und ihn anbetet, dann hat sein Leben Sinn. So ein Mensch sammelt Frucht für die Ewigkeit!

Schließlich sagt Jesus noch ein ernstes Wort zu dem, der ihn gefunden hat, Vers 39:

> „Und Jesus sprach: Ich bin zum Gericht in diese Welt gekommen, damit, die nicht sehen, sehend werden, und die sehen, blind werden."

Was Jesus hier dem Geheilten sagt, widerspricht dem, was Jesus in Johannes 3,17 gesagt hat:
„Gott hat seinen Sohn nicht in die Welt gesandt, dass er die Welt richte, sondern dass die Welt durch ihn gerettet werde."
Ist Jesus jetzt als Richter oder als Retter in die Welt gekommen?

- Die Antwort darauf gibt uns der heutige Predigttext.

Der Geheilte hat sich für Jesus geöffnet und hat Jesus als seinen Erlöser erkannt und angenommen. Er war blind und ist sehend geworden. Nicht nur körperlich, sondern auch geistlich!
Aber die Pharisäer haben Jesus von vornherein abgelehnt. Sie haben sich bewusst gegen Jesus gewehrt. So sind sie blind geblieben. Sie haben das Gericht Gottes über sich selbst beschworen!

Das ist bis heute so. Wer sich gegen Jesus wehrt, der wird ihn nicht erkennen. Das ist der Grund, weshalb die meisten Leute so entstellte Ansichten von Gott haben. Weil sie sich nicht zu Jesus bekehren wollen! Jesus sagt, dass er zu solchen Menschen nicht als Retter, sondern als Richter gekommen ist. Er sagt es nicht, weil er schadenfroh ist, sondern weil er tief traurig darüber ist, wie sich die Menschen ihm gegenüber verhalten!

> Vers 40+41: „Das hörten einige der Pharisäer, die bei ihm waren, und fragten ihn: Sind wir denn auch blind? Jesus sprach zu ihnen: Wärt ihr blind, so hättet ihr keine Sünde; weil ihr aber sagt: Wir sind sehend, bleibt eure Sünde."

Die Pharisäer sind über das, was Jesus hier sagt empört. Wie kann Jesus sie, die frömmsten Männer Israels, als **blind** bezeichnen!?
Jesus erklärt ihnen, dass ihr Problem darin liegt, dass sie meinen Gott richtig erkannt zu haben. Und auch meinen, dass sie gerecht sind, weil sie so fromm leben. Sie sind nicht bereit, sich von Gott hinterfragen zu lassen. Darum leben sie an Gott und seinem Willen vorbei. Darum kann ihnen Jesus ihre Sünden nicht vergeben!

Das ist eine sehr ernste Geschichte. Vielleicht macht sie dir Angst. Dann ist es gut. Es ist immer gut, wenn die Bibel uns unseren Selbstbetrug aufzeigt. Unser Lügensystem aufdeckt. Aber bleib bitte nicht bei deiner Angst. Mach es so wie der geheilte Blinde und beuge dich vor Jesus. Lass dich von seinem Wort inspirieren. Dann wird dir diese ernste Geschichte eine frohe Geschichte werden. Denn hier erkennst du, dass wenn du Jesus hast, dann wirst du von allem Selbstbetrug geheilt!

Hier kannst du Jesus sehen, der dich sucht und geistlich sehend macht. Jesus redet so ernst zu dir, weil er dich liebt. Er will dich aus deinem Selbstbetrug befreien!

Sei darum nicht wie die Pharisäer, die sich vor Jesus nicht demütigen lassen. Die sich über die Wunder Jesu nicht freuen können, sondern Unterstellungen und psychischen Druck ausüben. Demütige dich vor Jesus, dann wirst du seinen Zuspruch haben!

Johannes 10,1-10

Christen haben es gut

Stellt euch vor, ein Bauer findet ein Adlerei. Er nimmt es mit und legt es in das Nest einer Henne. Eines Tages schlüpft das Adlerkind zusammen mit den Hühnerküken aus dem Ei und wächst mit ihnen zusammen auf. Der Adler benimmt sich wie ein Huhn. Er pickt in der Erde nach Würmern, sucht Körner und gackert wie die Hühner.
Nach einigen Jahren sieht er einen herrlichen Vogel am Himmel kreisen. Er fragt sein Nebenhuhn: „Wer ist das?“ Das Huhn antwortet: „Das ist der Adler, der König der Lüfte. Mit dem darfst du dich nicht messen. Wir Hühner sind von anderer Art.“ Also denkt der Adler nicht weiter über den königlichen Vogel nach. Schließlich stirbt er in dem Glauben, ein gewöhnliches Huhn zu sein!

Ist dir bewusst, wer du bist, seit dem du Christ geworden bist?

- Du bist ein Kind Gottes.
- Gott ist dein Vater.

Du lebst zwar mitten unter den Hühnern. Aber du hast es gar nicht nötig, so zu leben wie die meisten Hühner um dich herum. Du brauchst dich von den Abfällen auf dem Misthaufen nicht zu ernähren. Du hast es nicht nötig, dich von den Hühnern um dich herum prägen zu lassen. Du brauchst den anderen Hühnern um dich herum nicht nachgackern. Denn Gott hat dich zu einem ganz edlen Stand auserwählt. Du bist vorherbestimmt ein König zu sein. Du darfst mitverfügen über die höchste Gewalt im Himmel und auf Erden. Gott persönlich arbeitet an dir, damit du zu seinem Ebenbild umgewandelt wirst. Damit das göttliche Wesen an dir sichtbar wird!

Als Christ hast du es gut. Besser kann es kein Mensch haben. Das erklärt uns Jesus heute in der sehr bekannten Gleichnisrede.
Ich wünsche, dass diese Gedanken heute jeden von uns ganz neu ergreifen und näher zu Jesus führen.

1. Jesus, der Lebensführer

> Verse 1+2: „Wahrlich, wahrlich, ich sage euch: Wer nicht zur Tür hineingeht in den Schafstall, sondern steigt anderswo hinein, der ist ein Dieb und ein Räuber. Der aber zur Tür hineingeht, der ist der Hirte der Schafe.“

Jesus stellt sich hier als der rechtmäßige **Hirte der Schafe** vor. Als einer, der von Gott gesandt ist, damit er Menschen für den Himmel sammelt.
Gott hat im AT verheißen, dass er uns eines Tages einen Hirten senden wird

Hesekiel 34,23:
„Ich will ihnen einen einzigen Hirten erwecken, der sie weiden soll, nämlich meinen Knecht David. Der wird sie weiden und soll ihr Hirte sein."
Hesekiel 37,24: *„Mein Knecht David soll ihr König sein und der einzige Hirte für sie alle."*
In Israel sind immer wieder Männer aufgetreten, die behauptet haben, sie seien der Messias. Diese Männer nennt Jesus **Diebe und Räuber**. Sie haben sich angemaßt etwas zu sein, wozu sie Gott nicht berufen hat. Sie haben sich den Weg zu den Menschen gestohlen, um sie für ihre eigensinnigen Zwecke zu missbrauchen!
Jesus warnt vor diesen falschen Gesandten Gottes. Er kündigt in seiner Endzeitrede an, Lukas 21,8:
„Viele werden kommen unter meinem Namen und sagen: Ich bin´s, und: Die Zeit ist herbeigekommen. Folgt ihnen nicht nach!"

Überall auf der Welt kann man heute allerlei falsche Christusse finden. Einer von ihnen lebt in Russland und nennt sich „Wissarion". Er gibt sich als der wiedergekommene Jesus aus. Er lebt in einer riesengroßen Siedlung, der er den Namen „Ökopolis Tiberkul" gegeben hat. Dort leben mehr als 4000 seiner Jünger. Sie bezeichnen ihn als „Die Wahrheit" oder „Das Wort" oder „Der Lehrer". Seiner Bewegung hat er den Namen: „Kirche des letzten Testaments" gegeben. Er predigt Liebe, Brüderlichkeit, ökologisches Bewusstsein, vegane Ernährung, Verzicht auf Geld, Reinkarnation, baldiges Ende dieses Zeitalters, denn ein neues Zeitalter steht kurz bevor.

Das ist nur ein Beispiel von vielen. Die vielen Gurus und spirituellen Meister müsste man hier mit dazu zählen. Sie alle bezeichnet Jesus als Diebe und Räuber!

Jesus erfüllt nicht unsere menschlichen Wunschvorstellungen. Er geht auch keine Kompromisse mit Religionen ein, sondern er erfüllt den Willen Gottes. Die Voraussagen im AT!
Was bedeutet es aber für uns, wenn wir Jesus als den verheißenen Hirten erkannt und angenommen haben?

> Verse 3-5: „Dem macht der Türhüter auf, und die Schafe hören seine Stimme; und er ruft seine Schafe mit Namen und führt sie hinaus. Und wenn er alle seine Schafe hinausgelassen hat, geht er vor ihnen her, und die Schafe folgen ihm nach; denn sie kennen seine Stimme. Einem Fremden aber folgen sie nicht nach, sondern fliehen vor ihm; denn sie kennen die Stimme der Fremden nicht."

Was Jesus hier beschreibt, war die alltägliche Arbeit eines Hirten. Am

Abend sind die Hirten von überallher mit ihren Schafherden gekommen. Dann haben sie alle Schafherden zusammen in einen Schafpferch zusammengetrieben. Das war eine Umzäunung, entweder aus Holz, oder aus einer Steinmauer. Einer der Hirten hat die Eingangstür bewacht. Das war der **Türhüter**. Und wenn am Morgen ein Hirte seine Schafe geholt hat, dann hat der Türhüter die Tür **aufgemacht** und der Hirte hat all seine **Schafe mit Namen gerufen**. Die Schafe haben ihren Hirten an der Stimme erkannt und sind zu ihm durch die Tür rausgegangen. Und wenn er alle seine Schafe beisammen gehabt hat, ist er ihnen auf eine grüne Wiese vorausgegangen. Die Schafe sind ihm nachgefolgt!

Das hat mal ein Mann in Syrien beobachtet. Er hat gesehen, wie 3 Hirten ihre Schafherden an einem Brunnen trinken gelassen haben. Er hat sich gefragt, wie die Hirten ihre eigenen Schafe wieder zusammenbekommen. Und dann hat er gestaunt. Als alle Schafe getrunken hatten, hat er einen Hirten rufen gehört: „Men-ah!" Das ist arabisch und heißt: „Folge mir!" Auf diesen Ruf hin haben sich etwa 30 Schafe abgesondert und sind dem Hirten gefolgt. Der zweite Hirte hat dasselbe gerufen. Auch seine Schafe sind ihm nachgefolgt. Die übrigen Schafe haben dem dritten Hirten gehört!

Und dann hat der Reisende es ausprobiert. Er hat den ersten Hirten gebeten im seinen Mantel, Stab und Hut zu gegen. Hat es angezogen und gerufen: „Men-ah"! Und kein einziges Schaf hat daran gedacht, dem fremden Hirten zu folgen!

Ich weiß nicht, ob es mit den deutschen Schafen auch so klappen würde. Denn das klappt nur, wenn der Hirte eine intensive Beziehung zu seinen Schafen pflegt!

Ich habe gelesen, dass der Hirte zur Zeit Jesu jedem Schaf von Geburt an einen Namen gegeben hat. Und jedes Schaf ist jeden Tag zum Hirten gegangen, um sich streicheln zu lassen. Der Hirte hat es am Hals gekrault, am Ohr und an der Nase gestreichelt und freundliche Worte zu ihm gesprochen. Nach ein paar Minuten hat das Schaf den Hirten wieder verlassen und ist zur Herde zurückgekehrt!

Bei einem so liebevollen Umgang ist es klar, dass die Schafe gerne auf die Stimme ihres Hirten hören. Dass sie seine Stimme von vielen anderen Stimmen unterscheiden können und vor einem **Fremden fliehen**!

Nicht anders ist es bei uns. Wer täglich mit seinem Hirten Jesus persönlichen Umgang pflegt, der wird sensibel für das, was Jesus will. Der bekommt ein feines Gespür für die Stimme Jesu. Der wird in seinem Alltag Jesus hören, wenn er ihn ruft. Eine Weisung gibt. Oder warnt!

Es ist eine persönliche Frage an jeden Christen:

- Gehst du täglich durch Gebet und Bibellesen zu Jesus und lässt dich streicheln?

Jesus hat immer Zeit für dich. Er ist für dich da. Geh zu ihm. Du wirst davon profitieren. Durch deinen persönlichen Umgang mit Jesus, wirst du

an Liebe zu Jesus auftanken. Und du bekommst Kraft die du brauchst, um Jesus auf jedem Weg zu folgen!
Jesus führt dich immer auf eine gute Weide hinaus. Da wo er dich hinführt, da ist es gut für dich!
Du kannst darum dankbar beten: „Mir wird nichts mangeln". Denn du wirst von dem liebenden Hirten umsorgt. Und er verspricht dir Offenbarung 3,5:
„Ich werde seinen Namen nicht austilgen aus dem Buch des Lebens, und ich will seinen Namen bekennen vor meinem Vater und vor seinen Engeln."
Der Weg, den Jesus dich führt, endet schließlich im Himmel. Jesus wird über dich vor Gott dem Vater sagen:
„Dieses Schaf gehört mir. Dieses Schaf ist mir bis hierher gefolgt. Seine Sünden habe ich ihm vergeben. Es ist dein Kind, Vater. Es darf nun in der ewigen Liebesgemeinschaft mit uns leben!"

Ja, solange du in der Nähe Jesu bleibst, sorgt Jesus für dich. Und du bist frei. Sobald du dich aber von Jesus und seiner Herde entfernst, bist du verloren. Den wilden Tieren überlassen!
Denkt an die Israeliten in der Wüste. Gott ist ihnen, wie ein Hirte, in der Wolkensäule vorausgegangen. Aber sie haben nicht auf Gott geschaut, sondern immer nur auf die Probleme, an denen sie vorbeigehen mussten. Sie haben ihrem Gott in Schwierigkeiten nicht folgen wollen. Darum haben sie Gott verloren!

Vielleicht führt dich Jesus zur Zeit einen schweren Weg. Dann glaube, dass es ein Weg ist, auf dem dich Jesus zu einer guten Weide führt. Der Weg dahin ist nun mal dunkel, kalt und steinig. Aber es ist kein Weg, auf dem du verhungern wirst!

Denk an Josef. Bevor er den Königsthron Ägyptens bestiegen hat, hat er zuerst die Treppe ins Gefängnis hinuntersteigen müssen. Aber das war genau der Weg, der ihn auf den Königsthron gebracht hat!
Gott hat Josef durch unerhört große Schwierigkeiten geführt. Aber Gott hat damit einen vollkommen guten Plan verfolgt!
Du darfst glauben, dass der gute Hirte Jesus dich niemals in die Irre führen wird. Du bist immer auf dem Weg zum frischen Wasser und zur grünen Aue. Als Schafe haben wir nichts anderes zu tun, als dem Hirten Jesus zu folgen!

> Vers 6: „Dies Gleichnis sagte Jesus zu ihnen; sie verstanden aber nicht, was er ihnen damit sagte."

Ja, wer von Jesus seine vorgefasste Meinung bestätigt bekommen will, der kann die Worte Jesu nicht verstehen. Das gilt auch für den, der sich nur auf seinen Verstand verlässt. Der kann nicht glauben, dass Jesus der gute Hirte

ist, der alle Menschen zum ewigen Glück führen will. Er lässt sich nicht von Jesus bei seinem Namen rufen. Vertraut sich ihm nicht an. Denn er folgt lieber einem anderen Hirten nach!
Nur wer Jesus erlaubt sein Hirte zu sein, versteht seine Worte!

Christen haben es gut, denn sie haben einen zuverlässigen Lebensführer. Er kennt die Wege in dieser Welt besser als jeder andere. Und seine Wege führen immer an ein gutes Ziel!

Jetzt geht Jesus noch einmal auf die Diebe und Räuber ein und malt uns dazu noch ein anderes Bild.

2. Jesus, der Zugang zu Gott

> Verse 7+8: „Da sprach Jesus wieder: Wahrlich, wahrlich, ich sage euch: Ich bin die Tür zu den Schafen. Alle, die vor mir gekommen sind, die sind Diebe und Räuber; aber die Schafe haben ihnen nicht gehorcht."

Jesus ist also nicht nur der gute Hirte. Er ist zugleich auch die **Tür** zum Schafstall. Jesus lässt keinen **Dieb** und keinen **Räuber** zu den Schafen rein. Die Verführer müssen draußen bleiben. Sie können nicht die Schafe aus dem Schafstall klauen!
Wenn die Diebe und Räuber uns den Glauben verderben wollen, so schaffen sie es nicht. Jesus sorgt dafür!
Wer gläubig ist, ehrlich Jesus nachfolgt, der fällt nicht in die Hände der Verführer. Denn er kennt die Bibel. Hat den Heiligen Geist. Und Jesus gibt ihm die Kraft der Verführung zu widerstehen!

Es wird berichtet wie im alten Russland einige Leute eine weite Reise durch die Steppe machen mussten. Während sie unterwegs sind, taucht plötzlich ein Rudel Wölfe auf und rennt hinter ihnen her. Ein schreckliches Geheule geben sie von sich. Die Pferde rasen so schnell sie können. Und dennoch kommen die Wölfe von Minute zu Minute näher. Bis sie sich schließlich einem Gutshof nähern. Durch ein offenes Tor fahren sie rein und das Tor wird sofort zugeschlossen. Die Wölfe stürzen sich auf das Tor, aber sie können nicht hindurch. Sie heulen, kratzen und nagen am Tor, aber es hilft ihnen nichts. Die Leute sind sicher. Denn sie sind rechtzeitig durch das Tor eingefahren!
So einen sicheren Schutz bietet dir Jesus, wenn du sein Schaf bleibst. Denn Jesus sagt, im Vers 9:

> „Ich bin die Tür; wenn jemand durch mich hineingeht, wird er selig werden und wird ein- und ausgehen und Weide finden."

Jesus ist die Tür, die dich in die ewige Heimat und Freude führt. Hinter dieser Tür bist du für alle Zeiten sicher. Dort findest du keine Spur vom Bösen!

Jesus ist die Tür zu einer herrlichen Schatzkammer. Da ist alles zu finden, was Gott von uns haben will:

- Da gibt es königliche Kleider, die heißen „Liebe".
- Da gibt es kistenweise bunte Edelsteine, die heißen „gute Werke".
- Da gibt es kostbares Porzellan, das heißt „Reinheit".
- Da gibt es herrliche Duftstoffe, die heißen „Weisheit Gottes".

Das alles kann man sich umsonst holen, wenn man durch die Tür Jesu eingeht. Durch die Tür Jesus darf jeder Mensch rein. Und wer da reingeht, gerät nicht in eine Falle. Hört mal, was Jesus sagt im Vers 10:

> „Ein Dieb kommt nur um zu stehlen, zu schlachten und umzubringen. Ich bin gekommen, damit sie das Leben und volle Genüge haben sollen."

Jesus ist kein religiöser Seelenfänger, der die Menschen für sich **stehlen** will und nichts als den Tod zu bieten hat. Der Dieb nimmt das Leben, Jesus gibt das Leben. Und zwar kein beengtes Leben, sondern ein **Leben in voller Genüge**. Das heißt im Überfluss!

Statt die Schafe abzuschlachten, lässt sich Jesus für die Schafe schlachten. Und gibt damit seinen Leuten das ewige Leben!
Jesus ist gekommen, um uns wohl zu tun. Wer Jesus nachfolgt, der wird mehr Gutes von ihm erfahren, als er sich träumen lässt. Über Bitten und Verstehen, sagt der Apostel Paulus (Epheser 3,20)!

Ob du jung oder alt bist – du brauchst keine Angst haben, dass du etwas verlierst, wenn du konsequent Jesus nachfolgst. In der Nachfolge Jesu brauchst du keine Angst haben, etwas zu verpassen. Denn der gute Hirte verspricht dir, dass du bei ihm das Leben in voller Genüge hast!

Christen haben es gut. Denn Jesus ist ihr Lebensführer. Und Jesus ist ihr Zugang zu Gott.

Johannes 10,11-21

Dir wird nichts mangeln

Nachdem Christian Sentker konfirmiert wurde, hat er sich für Alkohol und Partys entschieden. Dann ist er tief enttäuscht worden. Um inneren Ausgleich zu finden, hat er sich in esoterische und fernöstliche Lehren vertieft. Schließlich ist er nach Portugal umgezogen, um in einem Aschram zu leben. Aschram ist ein hinduistisches Meditationszentrum. Dort hat er nach Erleuchtung gesucht. Er sagt:
„Ich habe versucht, durch Meditation meine negativen Seiten loszuwerden und ein göttliches Bewusstsein in mir zu entdecken.“ Ein Guru hat ihn dabei angeleitet.
Wenn er seine Eltern besucht hat, hat er mit ihnen heftig diskutiert. Den Eltern sind die Argumente ausgegangen, darum haben sie für ihn viel gebetet. Und Gott hat ihre Gebete erhört.
Im Jahre 2018 ist er wieder nach Hause gezogen. Freunde seiner Eltern haben ihn in einen Hauskreis eingeladen. Er hat bewusst die Bibel gelesen. Bald hat er erkannt, dass er seine Schuld nicht wegmeditieren kann. Er braucht Jesus, der seine Schuld am Kreuz gesühnt hat. So ist er im Jahre 2019 Christ geworden. Er sagt:
„Im Aschram habe ich meine Sünden unter den Teppich gekehrt. Jetzt bekenne ich sie Jesus. Er macht mich frei. Ich muss jetzt nicht mehr vor mir selbst weglaufen. Weil Gott mich liebt, darf ich mich annehmen, wie ich bin, auch mit meinen Schwächen. Was ich woanders gesucht habe, habe ich in Jesus gefunden: Frieden im Herzen.“
Inzwischen ist er verheiratet und hat einen Sohn. Sein Wunsch ist, jungen Menschen von der guten Botschaft zu erzählen. Darum engagiert er sich mit seiner Frau ehrenamtlich in der Kirchengemeinde seines Ortes in Peine, in Niedersachsen. Er sagt:
„Wir haben einen Jugendkreis gegründet und wollen Jesus und sein Wort groß machen.“

Das ist nur ein Beispiel, wie Jesus heute als der gute Hirte wirkt. Wie Jesus jedem verlorenen Schaf nachgeht und alles tut, um es zu retten.
Denk daran, Jesus versorgt jedes seiner Schafe vollkommen gut. So gut, dass kein Schaf sich mehr um sich selbst sorgen muss, sondern frei wird um für andere zu sorgen!

Jedes Schaf, das Jesus gerettet hat, kann mit voller Überzeugung sagen: „Mir wird nichts mangeln“. Warum wird es dir, als Jesu Schaf, nie an etwas mangeln?

1. Weil Jesus dir sein Leben gibt

Vers 11: „Ich bin der gute Hirte. Der gute Hirte lässt sein Leben für die Schafe."

Hirten und Schafe begegnen uns schon ganz früh in der Bibel. Der erste Schafhirte war der Abel. Später erfahren wir vom Abraham und Lot, dass sie große Herden gehabt haben. Auch Isaak hat große Tierbestände gehabt. Und auch Jakob war ein Schafzüchter. Mose hat nach seiner Ausbildung am Königshof, zum Hirten umgeschult. Und David war ein ganz mutiger Hirte. Er hat es sogar mit Löwen und Bären aufgenommen, um seine Schafe zu schützen!

Die Hirten in der Bibel, werden uns als gute Hirten beschrieben. Aber keiner von ihnen war **der gute Hirte**. Der Prophet Jesaja hat nämlich einen Hirten angekündigt:
„Er wird seine Herde weiden wie ein Hirte. Er wird die Lämmer in seinen Arm sammeln und im Bausch seines Gewandes tragen und die Mutterschafe führen." (Jesaja 40,11).
Andere Propheten haben Ähnliches angekündigt. Sie haben gesagt, dass Gott selbst kommen und die Menschen wie ein Hirte liebevoll führen wird.
Und Jesus sagt, dass er der verheißene Hirte ist. Im Urtext ist hier wieder das **Ich** doppelt betont. Zum vierten Mal im Johannesevangelium. Jesus drückt damit aus: „Ich und nur ich allein bin der angekündigte, gottwohlgefällige Hirte."

Dass er kein gewöhnlicher, menschlicher Hirte ist, das macht Jesus auch in den Versen 17+18 deutlich:

„Darum liebt mich mein Vater, weil ich mein Leben lasse, dass ich's wieder nehme. Niemand nimmt es von mir, sondern ich selber lasse es. Ich habe Macht, es zu lassen, und habe Macht, es wieder zu nehmen. Dies Gebot habe ich empfangen von meinem Vater."

Welcher Mensch kann sein Leben aufgeben und es dann wieder nehmen?
- Das kann nur Gott allein!

Wann hat denn Jesus bewiesen, dass er die **Macht** hat sein **Leben zu lassen und es wieder zu nehmen**?
- Am Ostermorgen!

An diesem Morgen hat uns Jesus den endgültigen Beweis geliefert, dass er wirklich der von den Propheten angekündigte Hirte ist!

Jesus ist gekommen, um dich und mich zu lieben, wie ein guter Hirte seine Schafe liebt. Und um uns das ewige Leben zu geben. So sehr liebt uns Gott! Und weil er uns liebt, darum möchte er dein und mein persönlicher Hirte sein. Jesus will dich durch dein Leben führen, damit du dich nicht in der

Arbeit verlierst. Dich andere nicht mit Terminen vollstopfen. Die Medien dich nicht beeinflussen und zu deinen Hirten werden. Jesus will das Beste für dich. Damit dein Leben Frucht bringt und nicht sinnlos endet!

Das hier ist eines der Verse, den wir unbedingt auswendig lernen sollten. Den sollte jeder Christ kennen und wissen wo er steht. Denn uns werden in der Gesellschaft antichristliche Ideologien aufgezwungen. Und wenn man nicht einmal die wesentlichen Worte der Bibel kennt, bekommt man schneller als man merkt eine Gehirnwäsche verpasst!
Das geschieht schon im Kindergarten und in der Schule. Überall wird den Kindern beigebracht, dass sie alles in Frage stellen müssen. Und du darfst deinen Kindern beibringen, dass man alles in Frage stellen muss. Aber die Bibel ist das Wort Gottes. Der dürfen wir von der ersten bis zur letzten Seite vertrauen. Stell alles in Frage nur die Bibel nicht!
Wenn die Kinder das lernen, dann sind sie am allerbesten ausgerüstet für die Zukunft!

Gerlinde Scheunemann schreibt, das einer ihrer Söhne ihr mal verraten hat, dass er im Dunkeln immer Angst gehabt hat. Aber er hat jedes Mal die Angst überwunden, indem er sich leise den Psalm 23 aufgesagt hat!
Merkt ihr: Weil der Junge das Wort Gottes auswendig gekonnt hat, darum hat er praktisch erfahren können, was für eine Kraft das Wort Gottes ist!
Die Eltern Scheunemann haben sich von ihren Kindern manchmal zum Geburtstag gewünscht, dass ihre Kinder einen bestimmten Psalm auswendig lernen. Diese Idee hab ich übernommen. Wenn jemand für mich etwas auswendig lernt, so ist das für mich das schönste Geburtstagsgeschenk!

Ein Missionar hat erzählt, wie er von den Kommunisten ins Gefängnis gesperrt worden ist. Dann haben sie ihn einer Gehirnwäsche unterzogen. Und er hat gesagt:
„Die Bibelworte, die meine Eltern mich als Kind lehrten, haben mich davor bewahrt, meinen Glauben zu verlieren und wahnsinnig zu werden, was vielen Kameraden widerfuhr. Diese Worte ließen sich nicht ausradieren, sie richteten mich immer wieder auf."
Jesus, der gute Hirte, will dich mit dem biblischen Wort weiden. Der Christ, der sich von der Bibel prägen lässt, kennt die Stimme des guten Hirten. Und er wird auf die Verführung dieser Zeit nicht reinfallen. Und das Wort der Bibel wird ihm in den größten Nöten Kraft geben und zum ewigen Leben führen!
Dafür opfert Jesus sein Leben für dich. Das zeichnet Jesus vor allen anderen Hirten aus. Jesus erklärt es so, Verse 12+13:

> „Der Mietling aber, der nicht Hirte ist, dem die Schafe nicht gehören, sieht den Wolf kommen und verlässt die Schafe und flieht - und der

Wolf stürzt sich auf die Schafe und zerstreut sie -, denn er ist ein Mietling und kümmert sich nicht um die Schafe."

Mietling, das ist der gemietete Hirte. Also ein Hirte, der gegen Bezahlung arbeitet. Ihm gehören die Schafe nicht. Darum liegen ihm die Schafe auch nicht am Herzen. Darum würde so ein Hirte niemals sein Leben für die Schafe riskieren!
Jesus ist aber kein Religionsführer, dem die Menschen nicht wichtig sind und die eigene Ehre suchen. Kein Religionsstifter hat sein Leben für die Menschen geopfert. Kein Sektenführer hat je sein Leben für seine Anhänger geopfert. Sie haben sie eher in den Tod getrieben. Sie alle können nun mal ihren Egoismus nicht überwinden. Sie alle sind mit sich selbst beschäftigt. Sie haben keine selbstlose Liebe in sich. Die selbstlose Liebe bringt Jesus. Und er beschenkt mit der Liebe jeden gern, der es will!

Es gibt Mitarbeiter, die arbeiten nur mit, weil sie gerne vorne dran stehen. Jesus sagt zu solchen Mitarbeitern, dass sie ihren Lohn bereits schon hier erhalten haben. Sie haben sich aber keinen Schatz im Himmel angelegt!
Wer in der Gemeinde Jesu eine leitende Aufgabe hat, der muss unbedingt in einer tiefen Hingabe an Jesus leben. Und sich die Anliegen Gottes und der anderen zu seinen eigenen Anliegen machen. Ganz nach dem Vorbild Jesu. Er hat uns geliebt bis zur Aufopferung seines Lebens. Auf Golgatha hat uns Jesus bewiesen, dass er kein Mietling ist. Da ist der Wolf über ihn hergefallen. Und Jesus hat den Kampf durchgekämpft bis ans Ende. Bis zum Tod. Und das alles hat er aus Liebe zu dir und mir gemacht!

Bei einer Weltmeisterschaft im Motorbootrennen, hat ein Mann mit seiner Familie zugeschaut. Sie sind von der Raserei auf dem Wasser begeistert gewesen. Alle haben nach dem Besten vorne geschaut.
Der vierjährige Junge sieht aber etwas ganz anderes. Er sieht, dass ein Boot schlapp macht. Es kommt nicht weiter und treibt hilflos im Wasser. Das beschäftigt ihn, und er sagt:
„Wie kommt das Boot an Land? Da muss doch einer hin, das Boot rausholen!"
Das ist der Blick den Jesus hat. Jesus schaut auf die Schwachen, die sich nicht selbst helfen können!
In Hesekiel 34,16 heißt es:
„Ich will das Verlorene wieder suchen und das Verirrte zurückbringen und das Verwundete verbinden und das Schwache stärken."
Das tut Gott durch Jesus an uns. Er schaut nicht zu, sondern er packt zu. Er hilft ganz konkret denen, die auf der Strecke geblieben sind!

Darum wird es jedem, der Jesus Christus annimmt an nichts mangeln. Weil Jesus ihn unendlich liebt, dass er sogar sein Leben für ihn gibt!

Jesus gibt noch einen Grund an, wieso es den Christen an nichts mangeln wird:

2. Weil Jesus dich kennt

> Verse 14+15: „Ich bin der gute Hirte und kenne die Meinen, und die Meinen kennen mich, wie mich mein Vater kennt, und ich kenne den Vater. Und ich lasse mein Leben für die Schafe.“

Dieser Vers drückt deutlich aus, dass Jesus mit dem **Kennen** mehr meint, als ein verstandesmäßiges Wissen. Jesus kennt uns noch tiefer, als wir uns selbst kennen. Er kennt uns tiefer, als es der beste Psychologe kann. Mit dem Kennen, wird in der Bibel eine tiefe Gemeinschaft ausgedrückt. Eine tiefe innige Beziehung!
Und das Gewaltige ist, dass Jesus hier sagt, dass die Christen eine so tiefe Beziehung zu Jesus haben, wie Jesus sie zum himmlischen Vater hat. Das ist ein tiefes Geheimnis. Das können wir nicht begreifen. Das können wir nur anbeten!

Als Christ bist du Jesu persönliches Eigentum. Er wacht über dir. Und er sorgt für dich. Das tut er nicht deswegen, weil du ein Idealmensch bist. Er weiß, dass du ein schwarzes Schaf bist. Er weiß wonach du wirklich Hunger hast. Er sieht deine Ängste und Sorgen. Doch er lässt dich an seinem vollkommenen Wesen teilhaben. An seiner Reinheit und Heiligkeit!

Schau nur in die Bibel rein, da siehst du wie Jesus seinen Schafen begegnet. Mit tröstenden und hoffnungsvollen Worten weidet er sie!
Denk an die weinende Maria am Grab Jesu. Oder an den innerlich zerschlagenen Petrus. Oder an die betrübten Jünger, die nach Emmaus unterwegs gewesen sind. Oder an den zweifelnden Thomas. Sie alle hat Jesus in Liebe aufgesucht und hat sie zärtlich zurecht gebracht. Und dann hat er ihre verwundeten Herzen zurecht gebracht!

Zwischen Jesus und seinen Schafen besteht ein ständiger Liebesverkehr. Wenn eines seiner Schäflein auf einen Irrweg gerät, dann sucht er es, bis er es findet. Jesus weiß welche Führung und welche Pflege jedes seiner Schafe braucht. Welche Erziehung jeder braucht. Jesus tut es, damit das Ebenbild Gottes an seinen Leuten wieder sichtbar wird. Jesus erlöst uns nicht nur von der Sünde, sondern er führt uns in die tiefe Gemeinschaft mit Gott hinein. Er bindet uns an sich und füllt unser Leben mit seinem Leben aus!

Darum wird es einem Christen an nichts mangeln. Weil Jesus sein Leben für dich gibt. Weil Jesus die Seinen kennt.
Und dann kommt noch eine dritte Begründung, wieso es einem Schaf Jesu an nichts mangeln wird:

3. Weil Jesus alle Menschen will

> Vers 16: „Und ich habe noch andere Schafe, die sind nicht aus diesem Stall; auch sie muss ich herführen, und sie werden meine Stimme hören, und es wird eine Herde und ein Hirte werden."

Wer sich etwas in der Bibel auskennt, der weiß sofort wen Jesus mit den **anderen Schafen** meint. Wer sind sie?

- Die Völker. Wir.

Jesus hat den Auftrag vom Vater, auch den Nichtjuden den Weg zum Vater zu ermöglichen.
Jesus sagt: **„Ich muss** es tun". Denn Gott hat es von Anfang an so geplant. Der Prophet Jesaja hat gehört, wie Gott zum Messias spricht Jesaja 49,5:
„Es ist zu wenig, dass du mein Knecht bist, die Stämme Jakobs aufzurichten und die Zerstreuten Israels wiederzubringen, sondern ich habe dich auch zum Licht der Heiden gemacht, dass du seist mein Heil bis an die Enden der Erde."
Gott will, dass alle Menschen gerettet werden. Jesus ist am Kreuz für die Juden und für die Heiden gestorben. So sendet Jesus heute seine Boten zu allen Völkern aus. Damit Israel und die Völker zu einer Herde vereinigt werden!

Eine Herde und ein Hirte. Auch der Apostel Petrus hat lange gebraucht, bis er es kapiert hat. Bis ihm klar geworden ist, dass Gott allen Menschen, ohne Ansehen der Person, durch Jesus den Zugang in den Himmel gibt!

Doch die Worte und Werke Jesu führen nicht alle Menschen zu einer Einheit, Verse 19-21:

> „Da entstand abermals Zwietracht unter den Juden wegen dieser Worte. Viele unter ihnen sprachen: Er hat einen bösen Geist und ist von Sinnen; was hört ihr ihm zu? Andere sprachen: Das sind nicht Worte eines Besessenen; kann denn ein böser Geist die Augen der Blinden auftun?"

Wegen Jesus kommt es unter den Juden zu einer Spaltung. Die Gegner bringen die härtesten Vorwürfe gegen ihn vor. Jesus sei dämonisiert. Oder nicht zurechnungsfähig!
Ihr seht: Da wo Jesus aufkreuzt, da ist nicht nur Frieden und Eintracht entstanden. Ganz wie Jesus es angekündigt hat im Lukas 12,51:
„Meint ihr, dass ich gekommen bin, Frieden zu bringen auf Erden? Ich sage: Nein, sondern Zwietracht."
Und wisst ihr woran das gelegen ist?

- Weil Jesus den Leuten nicht nach dem Mund geredet hat, sondern er hat ganz klar zwischen Wahrheit und Irrlehre getrennt!

Jesus hat nicht die Welteinheit angestrebt. Das wird erst der Antichrist tun. Wir dürfen nicht Einheit suchen und die Bibel zuschlagen. Einheit beginnt dort, wo

- Menschen ihre Sünden bereuen und sich zu Jesus bekehren.
- Sich der Herde des guten Hirten anschließen und gemeinsam Jesus nachfolgen.
- Indem sie auf die Stimme des guten Hirten hören. Also die ganze Bibel beachten.

Wo das der Fall ist, da ist christliche Einheit da. Auch wenn es in nebensächlichen Fragen Meinungsverschiedenheiten gibt. Wer das nicht beachtet und auf Einheit setzt, dem wird Jesus eines Tages sagen:
„Weiche von mir, ich kenne dich nicht“!

Die Leute im Vers 21 sagen, dass Jesus nicht besessen sein kann, weil ein böser Geist Blinde nicht heilen kann. Diese Leute irren sich. Aus der Bibel wissen wir, dass der Teufel zu jedem Wunder fähig ist. Es ist zwar richtig, dass wir an den Werken die falschen Propheten erkennen. Aber dieses Argument allein reicht nicht aus. Zur Beurteilung brauchen wir auch das biblische Wort. Die Stimme des guten Hirten. Wer das beherzigt, der braucht vor Verführung keine Angst zu haben. Denn ihm gilt die Verheißung:
Der Herr ist mein Hirte, mir wird nichts mangeln,

1. Weil Jesus mir sein Leben gibt
2. Weil Jesus mich kennt
3. Weil Jesus alle Menschen will

Johannes 10,22-42

In Jesu Hand leben

Ein Vater erzählt seinem kleinen Sohn von Jesus, dem guten Hirten. Zum Schluss sagt er ihm: „Du darfst auch ein Schäflein des Herrn Jesu sein." Der Junge sagt nichts dazu. Als er abends im Bett liegt, betet er:
„Lieber Herr Jesus, wenn du mich schon zu einem Tier machen willst, dann lass mich doch lieber ein Pferd sein!"

Wer will denn schon ein harmloses, ängstliches Schaf sein? Jeder will doch stark sein. Selbstbewusst und den anderen überlegen. Andauernd versucht man das den anderen klar zu machen. Was wird da vor den Leuten geschauspielert. Manche leiden selber unter ihrem Schauspiel. Sie möchten da aussteigen, wenn es nur nicht so schwer wäre. Darum spielen sie ihre starke Rolle weiter!

Diese Schauspielerei ist keine Stärke. Es ist ein Zeichen der Schwäche. Denn man ist zu schwach sich zu überwinden um ehrlich zu sein!
Aber denk daran, Jesus gibt sich am allerliebsten mit den Schwachen ab. Denn es sind vor allem die Schwachen, die bereit sind Jesus um Hilfe zu bitten. Und jeder, der das tut, dem wird Jesus helfen. Vor allem dann, wenn jemand zugibt, dass er schwach ist!

Leider wollen das die Juden in unserem Text nicht. Sie geben nach außen vor sehr stark zu sein. Sie geben vor, dass sie imstande sind alle Gebote Gottes zu halten. Allerdings wollen sie nicht, dass jemand ihre fromme Maske lupft. Jesus durchschaut sie aber. Er erklärt ihnen andauernd, dass sie gar nicht so fromm sind, wie sie sich geben. Das wollen sie aber nicht hören. Sie wollen nicht ehrlich zu sich selber sein. Sie möchten ihr Schauspiel weiter führen. Darum kommt es zu der unangenehmen Diskussion in unserem Text. Dennoch lädt sie Jesus ein ihm zu vertrauen. Von ihm zu lernen.

Bis heute möchte Jesus nichts anderes von dir. Jesus möchte, dass du aufhörst dein Leben selbst in die Hand zu nehmen. Er lädt dich ein, dein Leben in seine Hand zu geben. Drei gute Gründe nennt er in unserem Text.

1. Weil Jesus Wunder tut

> Verse 22+23: „Es war damals das Fest der Tempelweihe in Jerusalem, und es war Winter. Und Jesus ging umher im Tempel in der Halle Salomos."

Das Fest der Tempelweihe gehört nicht zu den wichtigsten Festen der Juden. Es ist nicht in den 5 Büchern Moses vorgeschrieben. Dieses Fest hat erst Judas der Makkabäer eingeführt. Das kann man nachlesen im 1. Makk. 4. Judas der Makkabäer hat im Jahre 165 v. Chr. den Tempel aus der Hand der Syrer zurückerobert und ihn neu eingeweiht. Dabei hat er angeordnet, dass dieses Ereignis jedes Jahr, 8 Tage lang, festlich begangen werden soll. Darum feiern die Juden das Tempelweihfest noch bis heute. Es fällt immer etwa auf die Zeit, wenn wir Weihnachten feiern!

Ausdrücklich schreibt Johannes, dass es **Winter** war. Es war also kalt.
Auch geistig verstanden, hat damals gerade ein kalter Wind geweht. Denn die jüdischen Führer haben sich Jesus gegenüber zunehmend kälter verhalten. Es ist der letzte Winter, den Jesus auf Erden erleben wird.
Über das Fest berichtet uns der Evangelist Johannes nichts weiter. Er erwähnt nur das Streitgespräch, das die Juden mit Jesus bei diesem Fest geführt haben.

> Vers 24: „Da umringten ihn die Juden und sprachen zu ihm: Wie lange hältst du uns im Ungewissen? Bist du der Christus, so sage es frei heraus."

Die Juden umkreisen Jesus, damit er nicht weglaufen kann. Er soll ihnen jetzt endlich klar und deutlich sagen, ob er der Messias ist, oder nicht!
Jesus weiß aber, dass die Juden nicht ehrlich fragen. Er weiß, was passieren wird, wenn er ihnen sagt: „Ja, ich bin euer verheißener Messias." Sie werden darauf mit größter Empörung reagieren. Darum beantwortet er ihre Frage folgendermaßen, Verse 25+26:

> „Jesus antwortete ihnen: Ich habe es euch gesagt, und ihr glaubt nicht. Die Werke die ich tue in meines Vaters Namen, die zeugen von mir. Aber ihr glaubt nicht, denn ihr seid nicht von meinen Schafen."

Mit dieser Antwort sagt Jesus deutlich genug, dass er der von Gott angekündigte Messias ist. Jesus hat es schon oft in seinen Reden erklärt. Manchen hat er es sogar ganz direkt gesagt. Als ihm die samaritische Frau am Brunnen gesagt hat, dass sie auf den Messias wartet, hat ihr Jesus gesagt:
„Ich bin´s, der mit dir redet" (Johannes 4,26)!
Und als der geheilte Blinde am Teich Siloah Jesus gefragt hat, wer der messianische Menschensohn ist, hat ihm Jesus gesagt:
„Du hast ihn gesehen, und der mit dir redet, der ist´s" (Johannes 9,37)!

Bis heute ist das so. Wer wirklich wissen will, wer Jesus ist, dem wird es Jesus sagen!

Dass heute so viele Menschen ein falsches Bild von Jesus haben, liegt daran, dass sie nicht ehrlich fragen. Sie fragen wie die Juden hier. Sie fragen und haben die Antwort bereits in der Tasche. Und wehe Jesus antwortet anders als man es erwartet!

Außerdem sagt Jesus, dass jeder an seinen **Werken** erkennen kann, dass er echt ist. In den Versen 37+38 sagt es Jesus sehr deutlich:

> „Tue ich nicht die Werke meines Vaters, so glaubt mir nicht; tue ich sie aber, so glaubt doch den Werken, wenn ihr mir nicht glauben wollt, damit ihr erkennt und wisst, dass der Vater in mir ist und ich in ihm."

Die **Werke** Jesu sind in dem Fall seine Wunder. Ferner gehört auch seine Liebe zu seinen Werken. Seine Geduld und Treue, die er zu uns Menschen hat.

Wer die Worte Jesu kritisch beäugt, der soll sich mal mit seinen Werken befassen. Dann wird er bald feststellen, dass Jesus mehr ist als ein gewöhnlicher Mensch. Und die Worte Jesu werden ihm dann klar machen, wer Jesus wirklich ist!

Andere Echtheitszeichen gibt es bis heute nicht. Wir haben nur die Worte und die Werke Jesu. Es kommt auf jeden persönlich an, ob er **glauben** will oder nicht. Und wer glaubt, der hat keine Probleme mit dem, was Jesus sagt!

Es ist so, wie es Jesus hier sagt, Vers 27:

> „Meine Schafe hören meine Stimme, und ich kenne sie, und sie folgen mir."

Die Menschen, die zu den **Schafen** Gottes gehören, die **folgen** Jesus nach. Sie wollen dort sein, wo ihr Hirte ist!

Ist Jesus dein Hirte, dann bist du rundum versorgt. Jesus, der gute Hirte, bewahrt dich, dass du deinen Lebensdurst nicht in einem schmutzigen Wasserloch stillst. Wo lauter Ungeziefer und Krankheitserreger lauern. Jesus sorgt dafür, dass dein Herz nicht vertrocknet und verhungert.
Jesus **kennt** jeden, der zu ihm gehört. Kein einziger wird übersehen. Jesus kennt deine Seele, wie empfindlich sie ist. Er weiß, wie oft du niedergeschlagen bist. Er weiß wovor du Angst hast. Und Jesus gibt dir sehr gern das richtige Heilmittel!

Du hast nichts anderes zu tun, als auf Jesus zu hören. In seiner Hand zu bleiben. Dann wirst du ihm auch **folgen**, wohin er dich führt. Du wirst Wunder erfahren, die du dir jetzt noch gar nicht vorstellen kannst!

Es gibt noch einen zweiten Grund, weshalb es gut ist, in Jesu Hand zu leben:

2. Weil Jesus ewiges Leben gibt

Jesus verspricht felsenfest im Vers 28:

> „Und ich gebe ihnen das ewige Leben, und sie werden nimmermehr umkommen, und niemand wird sie aus meiner Hand reißen."

Jesus will uns **das ewige Leben geben**. Er will, dass jeder Mensch ewig dort lebt, wo Gott ist. In seiner Liebe, in seinem Frieden, in seiner Freude. Dafür hat er sein Leben am Kreuz geopfert. So wichtig bist du ihm!

Die Juden wären damals bereit gewesen ihr Leben für den Messias zu geben. Aber dass der Messias sein Leben für sie hingibt, das ist für sie nicht denkbar. Es ist so schwer zu begreifen, dass Gott so demütig sein kann. Dass er seine Geschöpfe so sehr liebt, dass er sich für sie völlig aufopfert. Aber Jesus verspricht es!

Wer Jesus gehört, der kommt nicht in die Hölle. Auf keinen Fall kann das passieren. Es gibt keinen Wolf, der ein Schaf Jesu **aus der Hand** Jesu **herausreißen** könnte.
(Versuch mal den Tennisball aus meiner Hand zu reißen.)
Jesus verliert kein einziges Schaf aus seiner Herde. Denn Jesus hat dich viel zu teuer erkauft, um dich je wieder loszulassen!

Der Teufel versetzt uns zwar noch manchen Schlag. Aber nie wird er es schaffen ein Kind Gottes von Jesus zu trennen. Wenn der Teufel das schaffen würde, dann würde er Jesus besiegen. Dann wäre der Teufel stärker als Jesus. Aber von einem Sieg des Teufels, werden wir in aller Ewigkeit nichts hören!

Darum berge dich in Jesu Hand, denn da lebst du sicher. Wäre dein Leben in deiner Hand, dann würde es deiner Seele schlecht gehen. Deine Seele würde schlecht versorgt werden. Und der Teufel könnte sie sich zu jeder Zeit holen.
Aber es gibt keine Macht und Gewalt, die einen bekehrten Menschen von Jesus trennen könnte. Auch die antichristlichen Verführung der letzten Tage kann es nicht!
Natürlich ist jeder Mensch so frei, dass er sich gegen Jesus entscheiden kann. Aber eine Macht, oder ein Mensch, oder ein Ereignis kann dich

niemals von Jesus trennen. Denn Gottes Wort sagt es!

Wer in Jesu Hand lebt, erlebt Gottes Wunder. Wer in Jesu Hand lebt, hat das ewige Leben. Jesus gibt noch einen dritten Grund an, weshalb es gut ist in seiner Hand zu leben:

3. Weil Jesus Gott ist

> Verse 29+30: „Mein Vater, der mir sie gegeben hat, ist größer als alles, und niemand kann sie aus des Vaters Hand reißen. Ich und der Vater sind eins."

Jesus sagt, dass sein **Vater** ihm die Schafe **gegeben hat**. Die Schafe sind doch die Menschen, die sich zu Jesus bekehrt haben. Das kann nur heißen, dass jeder Mensch, der sich zu Jesus bekehrt, gehört Gott dem Vater. Und Gott der Vater vertraut die bekehrten Menschen Jesus an. Jesus hütet sie im Auftrag des himmlischen Vaters!

Dann sagt Jesus noch, dass seine Schafe in der **Hand des Vaters** sind. Im Vers 28 hat Jesus gesagt:
„Niemand wird sie aus meiner Hand reißen."
Das kann nur bedeuten, dass wer in Jesu Hand ist, der ist zugleich in der Hand Gottes des Vaters. Jesus und der Vater sind auf eine geheimnisvolle Weise miteinander verbunden. Der Vater, der Sohn und der Heilige Geist sind einzelne Personen. Und doch sind sie eine Einheit. Das ist schwer zu verstehen. Für unseren Verstand ist es ein Geheimnis. Es gibt allerdings verschiedene Bilder, die das Geheimnis anschaulich machen:

- Das Dreieck hat 3 Seiten. Und ist doch nur eine Figur.
- Das Wort „ein" hat drei Buchstaben. Und ist doch nur ein Wort.
- Die Sonne ist nur eine. Sie erscheint uns aber als Licht, Strahlen und Wärme.
- Der Mensch ist Leib, Seele und Geist. Und doch nur ein Mensch.

Hast du dich also zu Jesus bekehrt, dann lebst du in der Hand des Höchsten. In der Hand dessen, der **größer ist als alles**. Darum kannst du dir sicher sein, dass dich nichts von Gott trennen kann. Denn etwas Größeres und Stärkeres als Gott gibt es nicht. Ist Gott für dich, wer kann gegen dich sein?

Mit diesen Worten beantwortet Jesus die Frage der Juden, ob er der Messias ist. Er sagt, dass er nicht nur der Messias ist, sondern er ist sogar ihr Gott!

Das reizt die Juden sehr. Das wollen sie auf keinen Fall stehen lassen, Verse

31-33:

> „Da hoben die Juden abermals Steine auf, um ihn zu steinigen. Jesus sprach zu ihnen: Viele gute Werke habe ich euch erzeigt vom Vater; um welches dieser Werke willen wollt ihr mich steinigen? Die Juden antworteten ihm und sprachen: Um eines guten Werkes willen steinigen wir dich nicht, sondern um der Gotteslästerung willen, denn du bist ein Mensch und machst dich selbst zu Gott."

Die Juden wollen das tun, was Mose ihnen bei Gotteslästerung angeordnet hat:
„Wer des Herrn Namen lästert, der soll des Todes sterben; die ganze Gemeinde soll ihn steinigen" (3. Mose 24,16).
Dass Jesus Gott sein soll, das ist für sie zu viel!

Ihr merkt: Hier geht es gar nicht um ein ehrliches Fragen. Sie wollen von Jesus nichts lernen. Sie wollen sich von seinen Worten und von seinen Werken nichts sagen lassen. Darum bleibt ihnen Jesus ein Rätsel. Nicht weil Jesus die Antwort verweigert, sondern weil sie ihm den Glauben verweigern!

Doch schaut mal, wie Jesus um die Juden ringt. Jesus holt noch einen Trumpf raus. Er verweist sie auf die Heilige Schrift. Davon werden sie sich doch wohl was sagen lassen.

> Verse 34-36: „Jesus antwortete ihnen: Steht nicht geschrieben in eurem Gesetz: 'Ich habe gesagt: Ihr seid Götter'? Wenn er die Götter nennt, zu denen das Wort Gottes geschah, - und die Schrift kann doch nicht gebrochen werden -, wie sagt ihr dann zu dem, den der Vater geheiligt und in die Welt gesandt hat: Du lästerst Gott -, weil ich sage: Ich bin Gottes Sohn?"

Jesus zitiert hier Psalm 82,6. Da spricht Gott zu den Richtern Israels und sagt, dass sie **Götter** sind!
Jesus hätte auch 2. Mose 7,1 zitieren können, wo es heißt:
„Der HERR sprach zu Mose, siehe, ich habe dich zum Gott gesetzt für den Pharao."
Es kommt also in der Bibel vor, dass Gott Menschen als Götter bezeichnet. Das sagt Jesus den Juden hier.
Und er sagt: **„Die Schrift kann doch nicht gebrochen werden"**. Man kann diese Verse nicht einfach wegstreichen, weil sie einem zuwider sind. Ganz nebenbei: hier haben wir eine Aussage Jesu, die besagt, dass die Bibel unfehlbar ist. Dass wir nichts aus der Bibel wegstreichen dürfen!

Wenn Gott also Menschen, die in hoher Verantwortung stehen, als Götter bezeichnen kann, dann kann sich Jesus erst recht als **Gottes Sohn** bezeichnen. Denn Gott der Vater hat ihn **geheiligt** und **in die Welt gesandt**. Geheiligt meint hier: von Gott beauftragt. Jesus ist also der von Gott verheißene Messias, den Gott mit einem Auftrag in unsere Welt gesandt hat!

Diese Antwort hätte die Juden besänftigen müssen. Wenn sie ehrlich gefragt hätten, dann hätten sie zugeben müssen, dass Jesus Gott nicht lästert. Sie hätten ihm dann weitere Fragen stellen können. Und wenn sie ihm ehrlich zugehört hätten, hätten sie ihn mit der Zeit noch viel tiefer erkannt. Sie hätten erkannt, dass Jesus tatsächlich mehr ist als ein Mensch. Dass in Jesus tatsächlich Gott persönlich zu ihnen gekommen ist!

Aber wie reagieren die Juden?

> Vers 39: „Da suchten sie abermals, ihn zu ergreifen. Aber er entging ihren Händen."

Weil sie nicht weiter wissen, darum setzten sie Gewalt ein.
So macht man das bis heute. Weil man mit den Christen nicht fertig wird, darum werden sie verachtet und verspottet. Und in manchen Ländern sogar blutig verfolgt.
Aber eins ist klar: wer Gewalt gegen Christen einsetzt, der beweist, dass er vom Wort Gottes besiegt worden ist!

Jesus entkommt nur knapp dem Tod. Er flieht, denn seine Stunde war noch nicht gekommen. Er soll nicht am Tempelweihfest sterben, sondern am Passahfest, als das Passalamm!

> Verse 40-42: „Dann ging er wieder fort auf die andere Seite des Jordans an den Ort, wo Johannes zuvor getauft hatte, und blieb dort. Und viele kamen zu ihm und sprachen: Johannes hat kein Zeichen getan; aber alles, was Johannes von diesem gesagt hat, das ist wahr. Und es glaubten dort viele an ihn."

Jesus flieht **auf die andere Seite des Jordans**. Das war die Stelle, wo er angefangen hat öffentlich zu wirken. Diese Gegend hat nicht zu Judäa gehört. Darum haben ihm dort die jüdischen Führer von Jerusalem nichts tun können.

Die Leute dort erinnern sich noch an das, was **Johannes** der Täufer über Jesus **gesagt hat**. Und an den Worten und Werken Jesu erkennen sie, dass Johannes recht gehabt hat. Jesus ist wirklich mehr als Johannes der Täufer. Jesus ist wirklich der Messias. Und **viele** kommen zum **Glauben** an Jesus!

Daraus kannst du lernen:

- Dein Zeugnis von Jesus ist nicht vergeblich. Es wirkt. Wenn nicht jetzt, dann später. Glaub daran!

Die Juden in unserem Text sind nicht ehrlich zu sich selbst gewesen. Sie haben nicht zugelassen, dass Jesus ihre Frömmigkeit hinterfragt. Sie haben sich ihre Maske von Jesus nicht abziehen lassen. Sie haben ihre selbstgerechte Rolle bewusst weitergespielt. Sie haben keine Schafe sein wollen, sondern Pferde. Darum haben sie sich Jesus nicht anvertraut. Und haben Gott nicht erkannt!

Sei nicht so, wie Juden in unserem Text. Begib dich ganz in die Hand Jesu. Denn Jesus tut Wunder, die dir sehr nützlich sind. Und Jesus ist der einzige, der dir ewiges Leben gibt. Denn schließlich ist Jesus niemand anders als Gott.
Und sobald du in der Hand Jesu bist, wird dich niemand mehr aus seiner Hand reißen!

Printed by Books on Demand GmbH, Norderstedt / Germany